破解中国社会焦点问题的必然路径

何兵／主编

法治变革中国

图书在版编目（CIP）数据

法治变革中国 / 何兵主编. —北京：中国计划出版社，2015.10
ISBN 978-7-5182-0281-2

Ⅰ.①法… Ⅱ.①何… Ⅲ.①社会主义法制—建设—研究—中国 Ⅳ.①D920.0

中国版本图书馆CIP数据核字（2015）第254437号

法治变革中国

何 兵 主编

联合策划：咪咕数媒

中国计划出版社出版
网址：www.jhpress.com
地址：北京市西城区木樨地北里甲11号国宏大厦C座3层
邮政编码：100038 电话：（010）63906433（发行部）
新华书店北京发行所发行
北京鹏润伟业印刷有限公司印刷

787mm×1092mm 1/16 16.5印张 200千字
2015年12月第1版 2020年1月第2次印刷

ISBN 978-7-5182-0281-2
定价：39.80元

版权所有 侵权必究
侵权举报电话：（010）63906404

目录 contents

经济篇 / 001

002 / 经济下行周期的金融风险

013 / 分税制改革破冰?
——从"营改增"看税制改革

024 / 从非法集资到互联网金融
——民间金融涌春潮?

035 / 京津冀一体化
——中国城镇化新战略?

047 / 中国的边疆治理
——历史与现实

发展篇 / 057

058 / 我们到底要什么？
——发展中国家现代化之路反思
068 / 会诊城市浮肿病
——如何控制城市规模？
078 / 户籍制度改革与城市公共服务平等化
086 / 车轮上的中国
——资源、环境危机与汽车新政
096 / 土地流转、确权与农地改革
109 / 设政改特区，破政改难题
119 / 从大部制改革看中国政府治理的转型

社会篇 / 131

132 / 中国医药监管的问题与对策
142 / 迷惘的青春
——转型时期的青少年犯罪与保护
151 / 农民"被上楼"：中国特色的"村庄合并"？

162 / 全民免费医疗
——中国医改的困境与出路

173 / 从大都市到小城镇？
——中国城镇化建设的问题与对策

司法篇 / 185

186 / 新形势下的司法改革与中国法治愿景

195 / 回归司法理性
——辩审冲突的根源与应对

206 / 告官为什么这样难？
——《行政诉讼法修正案（草案）》研判

219 / 疯癫与文明
——中国精神病诊治的问题与对策

228 / 生命不能承受之判
——死刑与死刑复核程序的问题与对策

239 / 十八届三中全会后的反腐

251 / 附录：2013年中国十大影响性诉讼

经济篇

经济下行周期的金融风险

社会热点

本月（2013年7月）以来，金融业闹起了"钱荒"，虽然6月份的"钱荒"年年有，但今年尤其严重。7月份以来，同业拆借市场日均成交量高达800亿元以上。此次"钱荒"的"震中"正是同业拆借市场。本月末以前，有1.5万亿元的零售理财产品即将到期，银行或将面对巨大的兑付压力。

银行业务经营具有显著的"顺周期性"。在经济高速增长时，很多问题没有暴露出来，一旦经济下滑，金融就会出问题。一旦金融出问题，其他的运转都会随之出问题。大家知道，国民政府末期，蒋经国在上海"打老虎"，实际是出现了金融危机。

所谓金融创新，不但有创新，风险也很多。今年5月份的经济数据一片惨淡，工业增加值和固定资产投资减速只是稍稍不及预期。地方政府财政收入也在大幅下滑，收入下滑后，投资跟不上去，就出现很多问题。而进出口数据两位数的下滑也吓了市场一跳。

吴庆（国务院发展研究中心研究员）：我不认为这次的"钱荒"是一次真实的"钱荒"。为什么这么说？这里有一个时间点的问题。每个季度末，各家银行都面临指标的考核，这是我们的体制问题。6月末快到了，各家银行又要面临一次重要的考核，流动性是一个问题。简单说，就是这么一回事。

从今年的流动性来看，年初是过多的，但一季度有些银行根本没有完成季度放款的任务。银行的解释是钱放不出去。钱放不出去要加一个前提：通过表内业务放不出去。有些银行会通过其他方式放出去，毕竟钱总是要放出去才能生钱。表内放不出去，表外来做。最近一段时间，银行资产负债表显示，表内业务比例在减少，表外业务在扩张，这是央行前一段时间一直在批评的事情。我认为，这反映了真实的情况。还有一些激进的银行，表外业务做得太多，钱不够，于是从银行间的市场借。银行间借贷风险比较低，借贷的利率比较低，而且期限比较短。用比较低成本的资金支撑比较高收益的资产业务，中间的利差大，收益也高。但高收益的背后有高风险，负债期限短，资产期限长，这就存在着期限的错配。这种期限的错配在多数情况下会赚钱：利率曲线在正常情况下，短期的资金利率比较低，长期的利率比较高。所以，在正常情况下，银行可以获得高收益。一旦长、短期利率倒挂，银行就会遭受损失，这就是6月份发生的情况。说得再简单一点，短期利率通常比较低，长期利率通常比较高。这只是通常的情况，这种情况有可能会出现反转。这是第一点，即背景情况。

第二点是央行的反应。任何一个国家的央行都有职责维护金融市场的稳定，包括利率的稳定。利率是波动的，但波动幅度不能太大。当利率波动幅度太大时，央行就有职责干预市场。市场上缺钱，利率提高时，央行有职责拿出钱来，抑制利率的上升。这次利率上升，央行没有及时出手，所以对央行有批评是公平的。那央行为什么没有这么做？我个人的看法是，我们的货币政策独立性不够，央行选择了加强监管，利用这次机会惩罚那些冒险经营的银行。央行迟迟不出手，让利率偏差时间过长。

"钱荒"不是一件大事，我认为这次市场波动不是一件了不起的事情。但是，在"钱荒"的背后有一件大事，值得投资者、官员、监管当局、央行关注，即下一轮的金融动荡就要来临。后面这次动荡，才是我们要关注的一件大事。动荡从哪里来？我讲一点基本的内容：在全球化的世界里，我们需要国际通用的货币，但是到目前为止，还没有一个全球性的制度安排提供一种全球性的货币。怎么办？现在的各个国家的货币中，有一些货币充当了全球货币的功能，其中充当全球货币的最重要的货币是美元。有时候美国需要宽松的货币政策，而其他国家需要紧缩的货币政策，也可能倒过来。当这种情况发生时，其他国家就惨了。这是在国际货币体系里存在的固有问题，下一轮全球的金融动荡就会从这个问题开始。

金融危机以后，各个国家都存在经济复苏的问题。中国需要经济复苏，美国需要，欧洲也需要，彼此竞赛，看谁复苏得更快。在这场竞赛里，目前为止美国是胜出者，是复苏最快的国家。美国的GDP连续增长，唯一没解决的问题是失业率仍然很高。去年（2012年）年底，我们就开始争论这件事：为什么美国的GDP增长复苏了，就业没有复苏？这两个数字显示的情况不一样，我们到底应该相信哪个数字？我的解释是，美国这一轮的经济复苏不是简单的复苏，是一次"了不起的复苏"，已经找到了新的经济增长点。各个要素的转移速度不一样，所以增长和就业之间出现了差距。

美国经济复苏了，不需要宽松的货币政策了，就会退出。美国退出了，就会对世界造成冲击，世界货币的流动性就会减少。整个世界货币不够了，利率就会上升。同时，美元汇率也会上升，因为美国经济的繁荣会带动美元汇率上升。这三件事肯定会发生。这三件事发生时，对全世界都会有冲击。公平地讲，这种冲击对全世界所有开放经济体的影响是一样的，是均等的。大家面临的是同样的问题。在这种情况下，人民币再升值会给外贸出口带来严重打击。

未来中国会遇到的问题，与我们周边的一些国家在1997年亚洲金融危机时遇到的情况非常类似。1997年，泰国、马来西亚、印度尼西亚等国家都遭受了严重的冲击。我们应该研究那段历史，制定我们的策略，以更好地应对这次危机。

思维共振

管清友（民生证券研究院副院长）：

我想谈一下我的几个观点。

首先，对于央行，我跟吴教授的态度不一样。我认为，人民银行这次做得非常好，既警示了风险，又在适当的时候缓和了市场情绪，使得商业银行表外业务无度扩张的势头得到了遏制。已经有部分商业银行明确做出承诺：到7月底，原来的非高资产要清零。

这次"钱荒"从6月初开始，我估计感触最深的是在商业银行从事同业拆借业务的人。同业拆借业务就是A银行向B银行借钱，B银行向C银行借钱。所谓隔夜拆借利率，今天借明天还，很顺畅，成本也不高。从6月初开始，突然发现借钱不太好借了，因为利率提高了。有一个非常重要的指标是上海同业隔夜拆借利率,突破了10%。这个利率平常维持在3%左右,突破10%意味着什么?今天借100块钱,明天要还110块钱。隔夜拆借利率打破纪录,最高升到了13.4%,7天的利率最高升到了11.2%。这个事刚发生时,大家找不着北,因此有很多种说法。现在通行的解释有三个:一是季节因素。很多企业集中缴税,财政存款上缴。二是外汇因素,即外汇占款。5月份新增的外汇占款只有669亿元,与前4个月的3700多亿元相比,外汇占款大幅减少。新增外汇占款减少,意味着货币供应减少了。三是政策因素。今年年初以来,银监会发了一些文件来规范银行间的业务。这是通行的三个解释。其实,以往到五六月份也会出现所谓的"钱荒",这是集中性的缴税和财政上缴等因素导致的。我们也在反思,为什么这次会这么严重,以至于货币市场利率飙升?这也直接导致了6月24日中国股市的暴跌,大盘跌了百分之五点几。从中央银行的角度来讲,它给市场的说法是流动性处于"合理水平"。那为何还有"钱荒"?我想,是不是因为对这次"钱荒"有三个认识不足:第一是对外部的流动性、环境的变化认识不足;第二是对中央银行的货币思路认识不足;第三是对国家政策思路的变化认识不足。

现在回过头看,国家的思路已经发生了变化。重新回顾原来的分析,新一届中央领导在经济发展思路上,确实有很多政策像当年美国供给学派的政策。最初供给学派对货币政策是一个紧缩的基调,不太有底,现在比较有底,觉得应该是一个比较紧的基调。我想这是比较明确的:一是保证货币稳定供给;二是加强金融监管。原来央行的权力被其他机构分掉了,现在央行已经不是之前的央行了,而是"王者归来"。这次流动性短缺的情况表明:央行很重要,离开央行是不行的,央行不出手,有人就会死掉。

从本质上来讲，这次的"钱荒"其实是流动性短缺问题。基本的机制是期限错配，借短钱，然后贷出去，因为短钱必须不停地借到才行，哪天借不到或者利率太高，无利可图，链条就断了。表面现象是这些事的发生。为什么这些钱会出现空转的情况？为什么不愿意用这些钱投建一家钢厂、服装厂？为什么不干这些事？因为这些事无利可图。金融体系流动性改变反映了实体经济中没有投资机会，或者有些领域开放程度不够，资金想进去，但进不去。比如，我想开一家医院，很麻烦；想建一个政法大学丰台校区，也很麻烦。大服务里有很多政府管制，导致资金进不去。金融体系的"钱荒"，实质上反映了实体经济中投资领域不够开放，或者投资领域产能过剩的问题。所以我想，央行和国务院在这次"钱荒"中的做法，应当被看作中国经济第三次闯关中的一条，也是利率市场化改革中的一块。未来还会闯，我相信未来还会有其他行业哭爹喊娘。这次，从中央、国务院到主管部委，都顶住了压力。有人认为是有商业银行结构性支持，是商业银行妥协了，我不这么认为。这是缓和市场情绪的一种做法，既提示了风险，让商业银行的表外业务无度扩张有所收敛，又表示了央行态度的转变，央行已经不是"央妈"了，而是"央爹"。这可以看作中国经济第三次闯关中的一次契机。三次闯关是：20世纪80年代中后期的价格闯关、朱镕基时代国企改革的市场闯关，以及这次的转型闯关。这次闯关表面在金融体系，实质在实体经济，这充分说明了转型升级以及增加经济发展的内生动力任重道远。

万晓西（第一创业证券执行总经理）：

"钱荒"是现在讨论的热点，各种信息比较多。从我的感觉来讲，每当发生危机或者发生市场大波动时，老是忽上忽下，这是很正常的情况，只要我们把情况分析清楚了，心中自有定论。到现在为止，"钱荒"对大家的生活影响比较小，主要是因为"钱荒"没有达到很严重的程度。如果达到很严重的程度，存款取不出来，这才是真正的"钱荒"。所以，媒体用"钱荒"的标题有点夸大，其实很可能是心慌，而且"钱荒"目前局限在很小的货币市场领域。

在这个过程中，央行应该更积极一点，更主动一点。国务院常务会议上也研究经济形势，讲要稳定市场预期。如果按照这样来做，情况会比现在好很多。我觉得没什么大事，只是一个小插曲。

汇率方面，我们需要关注一点。汇率是变化的，出口的权重会作为衡量人民币汇率的参考。现在人民币兑美元的汇率是6.17，不管是出口美国还是出口欧洲、日本，汇率都是衡量产品竞争力的。从最新的数据来看，国际清算银行计算人民币实际有效汇率，包含通胀的调整，从去年10月到今年5月升值了8.2%，这个幅度非常惊人。还有一个数据我们应当看到，今年5月的出口同比增长只有1%。这两个数据可以从宏观上验证：没有一个经济体能在这么短的时间内实现大幅度的升值。现在大家对宏观有一个明确的感受，去年年末，所有经济学家都在调高对今年经济增长的预期。最近，所有经济学家都在调低今年的经济预期。高盛把经济增长的预期调到7.4%，我们的目标是7.5%，高盛调到7.4%，是告诉政府今年目标实现不了的概率比较高。

利率方面，货币市场高起导致利率上升得非常高，这对经济有很大影响。如果长期实行货币高利贷，将对中国经济产生较强的杀伤力。所以，无论是利率还是汇率，对中国下一步的经济都相当不利。

徐以升（《第一财经日报》编委、评论部主任）：

我想谈一点对"钱荒"的理解。"钱荒"在方向上正确，但在方式上过于粗暴。吴老师提到亚洲金融危机的概念，我非常认同这一点。亚洲金融危机时期有什么特点？第一是GDP下滑；第二是企业破产，人员失业；第三是坏账上升；第四是资产价格下跌，房地产市场和股票市场价格下跌；第五是货币贬值；第六是储备下降应对不足，进一步导致货币贬值。这几条在中国是否会发生？针对"经济下行周期的金融风险"这个主题，我谈几点。

第一点，经济下行。怎么理解经济下行？经济下行在实体经济中的核心表现为产能过剩。下行的原因是什么？我的理解是，中国的增长周期已经达到了极限。大家都讲中国的"三驾马车"，我定义以下三个方面为中国真正的"三驾马车"：一个是房地产，一个是出口（也就是产能），一个是基础设施建设。这三个领域都达到了极限，在增量上不可能出现大幅度的增长。

以上是我对经济下行的理解，我认为这个下行是长期的，不可能在一两年内结束，主要是因为中国增长极限的到来，对此我非常悲观。

第二点，关于金融风险，我梳理了几大块。第一块，我把金融风险定性为债务规模过大，总债务已经达到了GDP的220%。第二块，我想把外债单独提出来。中国的外债官方统计为8000亿美元左右，我认为这个数字低估了中国的外债水平。第三块是怎么理解中国在全球框架下的经济风险。我特别认同吴老师说的美国的经济复苏是"了不起的复苏"，除了新的增长点外，美国在传统产业方面的复苏超出大家的想象。比如化工产业，大家以为美国人不愿意这么干，实际上全球最强的化工产业在美国。从最新的全球框架、全球投资来看，无论是全球贸易新的模式变化还是美元新的周期，都会加剧中国的经济风险和金融风险。

第三点，中国的走向会是什么样的？我认为：第一，今年的GDP增长目标达不成，即使到2020年也达不成；第二，中国实体经济的危机会非常快地到来。这表现为中国资本回报率大幅下降，下降到不能维持债务利息的程度。第三，中国债务泡沫肯定会发生变化。当前的债务总量不能维系，过去5年，中国债务占GDP的比重增长了50%以上。第四，中国资产价格回归，比如房地产。中国的房地产被称为资产市场的"小强"，怎么打也打不死，现在我认为死亡的周期到了。第五，人民币汇率长期趋贬值。第六，危机的结局。中国是否有能力挽救这个危局？这要从两个角度来考虑：一为央行能否扩张，二为中国财政能否扩张。我认为中国没有这个能力。中国央行资产负债率世界第一，债务很高。我个人认为，未来中国只有一个办法：启动系统的汇率自由化，包括把国企卖掉。因为人民币的贬值使未来美元对中国的资产价格更有优势，所以中国将来会产生强烈的外资化过程。另外，因为不太相信货币，中国可能会产生经济性的美元化。

李巍（中国人民大学国际关系学院副教授）：

我给大家提供一点分析思路，即中国金融风险的政治视角。中国任何重大的金融现象背后都有政治力量起作用。改革开放以来，中国表面上似乎没有爆发过任何重大危机。从布雷顿森林体系崩溃，特别是金融自由化以来，全球地域性的危机层出不穷。从20世纪80年代的拉美债务危机到90年代的墨西哥货币危机、亚洲金融危机、土耳其金融危机、俄罗斯金融危机，再到今天的美国金融危机和欧洲债务危机，地区金融危机层出不穷，但教科书上很少讲中国的金融危机。事实上，我一直认为，尽管中国没有爆发过金融危机，但一直有巨大的金融风险，这种风险像一把利剑悬在所有中国人的头上，只不过人为的政治力量把它不断地往后拖延。

新一届领导上台后，面临着两大金融风险：一个是通货膨胀，一个是不良贷款。从技术性角度来看，这次"钱荒"有很多种解释。贷出的钱收不回来或者有大量无效投资，是这次金融危机的本质。美国次贷危机也是这样。不良贷款在中国有很多表现，其中一种表现是地方债务风险。比如铁道部，我们非常担忧，虽然享受了非常高的待遇，但扪心自问：铁道部还得起钱吗？还不起谁来帮它还？政府背上了巨额债务。政府的巨额债务最后的表现形式是还不起银行的钱。

为什么中国以这样的状态存在着？我个人觉得这与中国的改革开放发展模式有关系。相对于西方自由资本主义，中国是国家导向型的发展模式。西方的金融史学家说，越是后发展的国家，越是需要通过银行来融资；越是先发展的国家，越是通过资本市场和证券市场来融资。典型的例子是美国，美国在19世纪发展经济时，基本不是通过国家力量来主导的。中国跟美国完全相反，中国今天的发展都是依靠国家主导，于是形成了这样一个发展循环。这个发展循环就是所谓的中国模式。首先，国家主导了整个经济发展，通过国家的投资来刺激经济发展。投资是整个经济发展中最重要的引擎，这个投资不是私人投资，而是国家主导的投资。在这种情况下，银行扮演的角色不是商业银行，而是更多地服务于政治指令，最典型的例子就是"4万亿"。而政府主导的项目很多是收不回成本的，由此会带来大量的不良贷款。银行出现大量的不良贷款，就会出现"钱荒"。投资收不回来，国家通过流动性解决银行危机。最原始的做法是印钞票，虽然表面上用了很多让人眼花缭乱的金融工具，但本质上是国家通过印钞票稀释银行的债务。如此一定会带来通货膨胀，通货膨胀又会稀释民间的财产。国强民弱，内需难以提升，如此又只能继续仰仗国家的投资，指望民间的投资很难，于是形成了整个经济发展模式的循环。

今天，新的领导人上台，我觉得李克强总理是想打破这样的恶性循环的。政府采取了两种手段：一是这次的"钱荒"。政府拒绝通过增加流动性解决银行的困难，说明政府不再像以前那样实行宽松货币政策，而是收紧。这次我们把板子打到银行身上，银行有点委屈，因为银行的问题根子在政府身上，银行是听政府的。政府试图用这种方式改变一下长期以来的国家主导的发展模式，拒绝通过继续加强政府投资的方式刺激经济发展，即便今年面临着如此巨大的就业压力。李克强总理面临着如此大的政治风险，遏制了政府利用投资的传统方式刺激经济，很了不起，很有政治勇气，舆论上应该给点支持和鼓励。二是李克强总理在国务院常务会议上提出权力下放，刺激民间活力。至于"李克强经济学"在中国究竟能起到什么样的效果，还需要观察，到秋季的十八届三中全会时可能会有一个更好的答案。

总之，中国过去有这样一个改革思路：通过开放倒逼改革（制造业、传统的实体经济领域），让外来的竞争压力迫使国企或者民营企业改革，给它们以竞争压力，改变体制。今天很多人说要用这种思路改革金融领域，我觉得这种思路有点危险。如果中国自身的金融业没有做好足够的准备，那么现在这样做，对金融业来说就是一场重大灾难。所以，要先练好内功，再打开我们的国门。由此，我提出另外一个问题：以前是让开放倒逼国内改革，现在不能用开放倒逼金融业的改革，那金融业改革的动力到底在哪里？对于这个问题，我也没有答案。

分税制改革破冰？
——从"营改增"看税制改革

社会热点

分税制改革破冰——从"营改增"看税制改革，是李克强政府在财政方面的重要改革内容。

刘尚希（财政部财政科学研究所所长）："营改增"是全社会非常关注的话题，因为"营改增"不仅涉及两个税种——增值税和营业税，还涉及整个税制改革，与分税制有密切关联。但是，税制改革和分税制是两个概念，在这个问题上，大家要分清楚。这是有关联的两个问题：分税制讲的是中央与地方的财政关系，包括财政体制；税制讲的是整个税收制度的问题，涉及与税制要素怎么匹配、怎么组合，比如涉及什么税种、采取什么税率、放在什么税基上等税收制度问题。一说分税制，很多人误以为是一个税制问题，这是不对的。两者确实有关联，但不是一回事。

"营改增"是一项"牵一发而动全身"的改革，直接涉及的是增值税和营业税两个税种。所谓"营改增"，是营业税改征增值税的简称，过去也叫增值税的扩围改革。当时觉得叫"增值税的扩围改革"怕外界误解：扩围税负是否加重？老百姓对税负问题非常敏感，所以后来改成"营业税改征增值税"。这个话也可以倒过来说：以增值税取代现行的营业税，让营业税退出历史舞台。这就是"营改增"。所以，"营改增"是营业税改征增值税的简称，让增值税全面替代营业税，整个税制里废除营业税，由此减少一个税种——从19个税种变成18个税种。前面我说是"牵一发而动全身"的一项改革，那么怎么理解"营改增"？我想用4个关键词跟大家谈一点我的体会。

第一，减税。"营改增"首先起到的作用是减税。"营改增"全面实施，以增值税替代营业税，预计减税规模将达到1200亿元（整体）。当然，这是估算，不是一个精确的统计，到底能减多少税，要等到"营改增"全面实施以后才能知道。

怎么理解减税？为什么增值税税种替代营业税税种会减税？减税的话，哪些人会受益？我想这是大家关心的问题。为什么会减税？增值税，顾名思义是对增值额征税，也就是增值税的税基是增值额。营业税是对营业额征税，过去常说的是毛收入，营业额是营业税的税基。征收营业税，这个环节征了营业税，于企业而言是其成本的一部分，得加在价格里，到下一个环节再征时，上一个环节征的税就变成下一个环节的税基，所以有重复征税。越往下流转，重复征税的现象就越严重。增值税则避免了这个问题，增值税只对你的增加值征税，对于你以前所交的税，下一个环节不会再纳入税基里去征。具体的征收办法是以销项税减掉进项税，上一个环节的进项税可以看得一清二楚，比如商品、服务，这里面的价格是多少，税是多少。销项税是销售额乘以销售税率得出的税额，减掉进项税，差额就是你应交的税。交税办法多种多样，我们国家采取发票扣税的办法。无论有多少个环节，只对你的增加值征税，所以不会造成重复征税。从这个角度来说，营业税改成增值税，企业的税负就减轻了。那么，受益的是否就是原来那些交营业税的纳税人？不是，现在交增值税的纳税人也享受到了减税的好处。因为增值税的征收办法是以发票来抵扣，如果制造业购买的是服务业的服务，服务业交的是营业税，没有增值税发票，到制造业里，进项里所包含的税收没有办法抵扣。营业税改成增值税后，大家都有增值税发票，制造业就可以拿着你的增值税发票去抵扣。如此一来，制造业交的税就相应减少。

所以，"营改增"带来的减税效果不仅仅体现在原来征收营业税的行业、企业，实际上覆盖了所有行业、企业，受益范围是全覆盖的。服务业相应地减轻了税负负担，同时制造业也因此而减轻了税负负担，所以，减税效果是全方位的，不仅仅局限于某一部分企业和某一部分行业。当然，这里涉及小规模纳税人。小规模纳税人也可以开增值税发票，只不过要到税务局去开。只要到税务局开发票，购买小规模纳税人的商品或服务同样可以抵扣，所以受益面是全覆盖的。这是"营改增"的第一个作用。

第二，"营改增"实现了税收制度的改革，简单说是"改制"——改革了税收制度。这怎么去理解？只涉及两个税种，怎么能说是改制呢？其实，它影响的不仅仅是这两个税种，对整个税收制度都产生了影响。原来征收营业税，增值税替代了营业税后，整个税制得到了进一步简化。税制改革的基本方向是简化税制，尽可能减少税种。我们强调现代的税制是复合税制，多层次、多环节征收，非单一税制。但复合税制并不意味着要有很多税种，如此会使税制非常复杂。简化税制有利于降低征管成本，有利于沟通，尤其是便于社会理解此税制。从这个角度来讲，"营改增"实现了整个税制的进一步简化，这是一方面。

另一方面，增值税、营业税是我们现在的税制里的两个大税种，这两个大税种正在进行调整、改革。从税收收入结构来看，原来增值税大，现在的增值税更大了。过去我们的税制是"双主体"：一个是以"流转税"为主体，一个是以"所得税"为主体。现在看起来好像没有解决这个问题，流转税也可以是增值税，一税独大，税制改革好像没有朝着"双主体"的方向前进。我认为不能机械地理解"双主体"，尤其不能简单地说直接税和间接税要找到最优的比例关系，这在世界上是找不到的。

直接税不取决于税制改革问题，而是与收入水平紧密联系在一起。人均收入水平越高，直接税占的比重越高；人均收入水平越低，直接税占的比重越低，想高也高不了。当然，现在改革的建议是要提高直接税的比重，实际上是把一个发展的问题替换成了改革的问题，但发展的问题能用改革的方式去解决吗？如若如此，就如以前生产力落后，通过生活关系的改革跑步进入共产主义一样，是不行的。这个观点听起来好像跟当前的形势挺吻合，提高直接税的比重来加大收入分配的调节力度。实际上，这是说不通的。直接税和间接税的比重问题取决于生产力的水平，确切地讲，取决于一个国家在一定阶段的人均收入水平。当然，我不否认直接税有很多需要完善的地方，有些地方确实存在问题，但不能把直接税比重的提高作为改革的目标，这在逻辑上说不通。

回到增值税的问题，收入分配条件具有类推性，不能视为增值税的缺陷。"营改增"对税制改革最重要的作用是终结了对货物、劳务收入分别设置税种的状况。"营改增"实现了货物和劳务税制的统一,真正实现了增值税的良性税种、中性税种在我国的全面建立。"营改增"后才可以说这个话,之前不能说这个话,它对我国的税制改革起了很大的推动作用。

第三,激活。这是"营改增"的意义与作用。怎么理解激活？首先是激活了专业化分工协作。"营改增"以后,制造业内设的服务业机构纷纷独立出来,独立出来后,可以拿到增值税的发票,可抵扣、可减税,在这方面促进了制造业主辅分离。服务业税种改成增值税,无论分得多细,都不会增加税负,所以促进了服务业的分工,促进了分工的细化。

其次是激活了制造业与服务业之间的融合。以前的融合是通过小生产的方式实现融合,这种融合没有效率。在分工的基础上实现的融合才是有效率的,而且完全不一样。"营改增"以后,专业化的水平提升了,制造业所需要的服务业,尤其是生产性服务业,比如技术研发、技术转让的中介服务、信息技术的服务等,与制造业的发展密切相关。所以,通过服务业和制造业的融合,可以提高制造业的效率,同时也提高服务业的效率。

再次是激活了中小微企业。"营改增"对中小微企业税负减轻的力度最大,对中小微企业减税的效果和对大企业减税的效果是不一样的:一是稳定了就业,二是有利于扩大就业。现在强调微观搞活经济,实际上就是激活中小微企业,"营改增"在这方面产生的效果相当明显。

第四,倒逼。"营改增"会倒逼财政体制的改革,会倒逼地方财政体系的建设,会倒逼征管机构的改革。"营改增"涉及整个财政体制改革,从扩大内需战略、转变经济方式和城镇化的要求三方面来看,增值税让地方分成不合适,应当把增值税完全变成中央税,地方税的税基应该落在消费上，而不是让地方参与生产环节的税。

"营改增"除了对财政体制产生影响，还涉及税收征管的体制。现在税收征管的体制是国税和地税。国税和地税是两个系统，地税主要的工作是征收营业税，现在营业税变成增值税后，就交给国税去收了，地税没多少事干了。所以，有人提出国税、地税是否要合并，这个问题一直悬而未决。从提高效率的角度而言，有一个系统就够了，其他可以采取委托办法。这两个系统存在着扯皮问题，而且纳税人、企业要同时到两个税务局注册登记，同时有两个税务局上门找你收税，或者同时要到两个税务局大厅报税，纳税成本比较高。从降低纳税成本的角度来说，合并比较好，但涉及人怎么安排的问题。有些问题在理论上好说，但操作起来比较复杂。这是征管体制产生的连带影响，国税、地税何去何从，大家可以提不同的设想。

关于"营改增"的影响、作用和意义，我通过4个关键词做了表达：减税、改制、激活、倒逼。我的分析也许不太全面，希望大家替我补充。

思维共振

郑新立（中共中央政策研究室副主任、中国人民大学兼职教授）：

刘老师说"营改增"牵一发而动全身，我给大家讲讲"营改增"的背景为什么是这样的。

第一，为什么要有政府？马克思说国家是一个阶级压迫另一个阶级的工具，其实并不然，政府有其存在的理由。分工问题、公共设施建设、治理经济波动、污染问题、搞收入分配是政府存在的核心理由。1994年的税制改革，重要的特征是把税收征收问题拿到了中央，这就缓解了地方政府之间的税收竞争。现在考虑税种问题，一到地方马上涉及地方互相减免的问题，你减我也减。所以，税收由哪级政府来征是有讲究的。

第二，支出。什么活由地方政府来干也是有讲究的。1994年之后形成的体制是：税收收入往中央集中，事权下沉，一级一级地审。配置转移支付，现在很多人说中央很富，地方很穷，其实这是误会。21个省市的支出中，50%以上的钱来自中央，最高的是西藏，最低的是北京。当然，北京也没有吃亏，因为北京有企业所得税的汇总纳税。所以，1994年的税制改革，税收往中央集中，支出以地方为主。

结合这个体制，"营改增"下一步该怎么办？其一，"营改增"会不会危害地方政府的债务，危害地方政府提供公共服务的能力？这个问题不存在，政府早已发文了。其二，税收体系是否要优化？这就回到了我们面对的问题上，不同政府的人执政，不同的经济发展阶段，面临的优先顺序不一样，不能拿增值税来说增加收入分配的问题。当前收入分配的确是一个问题，但"营改增"扩围后，两者之间并不冲突，工具箱里不是只有一把钳子，还有其他很多工具。除了收入分配问题，污染问题也是当前面临的重要问题，我们国家在"营改增"方面有没有考虑？现在基本上是单一税率，卖什么东西，税率是一样的。有没有可能设置一个新税种？比如资源税、环境税、碳税。资源税，全国都想征，其实征不了，因为地方一征，上面不买你的东西，你就亏了。"营改增"以后，我觉得下一步不要搞碳税、环境税、资源税

(当然,这些问题可以考虑),可以搞差别化税率,你想征的税税率提高,普通的税税率下降。

环境税可以按照对环境的污染程度来征,不必按17%的统一税率,高的征30%,低的征9%。我觉得增加新税种是有必要的。在中国当前的经济下,要想增加新税种,前提是减税,税负不降下来,增加税种难如登天。所以,我们面临的问题是:如果不增加新的税种,对污染问题产品征税,污染就会继续。

易鹏(国际金融论坛城镇化研究中心主任):

我觉得"营改增"是改革的具体措施,这种改革是技术性的改革,不单纯是理念性的改革。比如上海在"营改增"过程中,运输行业的税负大大增加,增加以后做一些微调,使得改革在推进过程中吸引了很多东西,这是当前改革要红利的具体案例。

从城镇化角度来说,我对"营改增"有几个观点:一是目前城镇化最困难的地方是产业,而产业面临的困难状况是绝大部分工业产能过剩,重要工业产能过剩。钢铁行业产能过剩;轻工业由于国际贸易放缓,也产能过剩。工业化基本带不动我们的城镇化,而服务业是一个增长点。

那么,产业服务业化的观点是什么?挤出效应。坦率地说,中国未来城镇化的核心点是产业能否提供承载力,而产业承载力必须包括创造能力,也要挖掘新消费,这一点要由服务业提供,这对于中国的结构优化是有明显好处的。现在提稳增长、调结构、促改革,实际上应该先促改革,再调结构,才能稳增长。

二是"营改增"将使中国的城市格局发生变化,有利于实现城镇化以城市群为主体形态的目标。中央为什么首先在上海做试点,然后在经济比较发达的地方做？因为这些地方经济水平比较高，经济发展比较好的地方，服务业也比较发达，所以先在这些地方推。如果推行"营改增"，增值税全部替代营业税，服务业和二、三产业打通，人口就会向特大城市聚集。征税有规模效应，政府管理也讲规模，这次城镇化提出了城市群的发展思路，通过轨道交通的方式形成城市群。就中国目前而言，从人的分配角度来讲，从人的布局角度来讲，沿海布局是中国获得的最高经济回报。当然，也面临着资源的限制。总体而言，"营改增"会推动人口进一步聚集。

三是"营改增"会对地方和中央政府的事权、财权产生重大影响。新一轮城镇化的核心不在投资，不在房地产，而在制度改革——户籍制度改革、财政体制改革、行政体制改革、投融资改革等方面的改革——中央和地方政府的事权、财权是改革的核心点之一。"营改增"以后，我非常认可刘所长讲的"牵一发而动全身"。中央和地方的财权、事权，现在必须谈，不谈不行了。如果中央和地方谈事权，财税制度改革就可以推动户籍制度改革。现在户籍制度改革不光是上一个户口，上一个北京户口没有意义，重要的是户口背后的公共服务。中央和地方之间，很多人支持下放财权，对此我不同意。我认为中央的事权应该加强，从公共服务里提事权。中央要保障最基本的社会保障体系，保障最低的公共服务基本线。当然，要允许有差异，北京和贵州肯定有差异，发展状况不一样。要通过中央事权比重的提升，来解决财税体制存在的问题。

最后，改革要讲技术性。大家对改革可能达成了共识，没有谁敢反对改革，只不过有好改革、坏改革，有精改革、粗改革。现在中国需要的是精细化改革，不能拍脑袋来改革。"营改增"给我们提供了精细化改革路径的样板，但要进一步探索和细化。

管清友（民生证券研究院副院长）：

我讲几点意见：

第一，事实上，2012年启动的"营改增"已经开启了新一轮分税制的调整。为什么？因为"营改增"以后，必然会涉及中央和地方怎么分的问题，增值税是作为中央和地方的共享税，还是单纯地作为中央税，地方开辟一种新的税种？上海国税、地税合一是比较讨巧的办法，从改革突破口方面讲，应该值得肯定。

第二，"营改增"对于推动经济转型很有意义。我个人的观点是，中国下一轮的经济增长取决于服务业的发展。服务业的发展需要税制安排的鼓励，"营改增"是其中一个重要方面，另一方面是放松管制，降低门槛，打破行政垄断。也就是说，产业结构的优化可以实现中国下一轮的经济高速增长，服务业开放后，潜在增速要重提上去。

第三，"营改增"以后，中央和地方分税，地方上可以开征房产税，可以更多地搞与消费相关的税收，但这还是建立在中国政府是一个投资型政府基础上的。我想中国下一步的改革，应该伴随着政府职能的转变，从投资型政府向服务型政府转变。在财权和事权上，要做新一轮的调整。中央政府在社保、义务教育，包括司法甚至公安财政支出上要兜底，这个"兜底"就要求真正向服务型政府转变，司法是地方财政，基本的社会保障由中央政府出钱。政府职能转变应该与"营改增"的税制调整同步进行。

第四，未来政府要有框架性的办法。如果说前10年是西医疗法，后面10年就是中医疗法；如果说前10年是大投资、宽货币的积极政策模式，后面更多的就是放松管制和释放活力，而"营改增"是释放活力的一个重要方面。我把未来的政治框架总结为三点：一是强化市场；

二是放松管制；三是改善供给。今天讲"营改增"，实际上是改善供给中的一方面。改善供给又分为劳动、产品、基础市场的供给，这三点供给，对于释放中国未来的经济活力具有非常重要的意义。与前面相关的是，强化市场作为基础性的配置手段，强化放松管制、释放经济活力应该与税制改革相匹配。

最后，"营改增"可能只是拉开了中国改革的序幕，未来还会有其他许多包括税制在内的方方面面的改革。如果说改革要有一个目标的话，我想应该是解决当前面临的问题。从经济发展角度来说，地方政府越来越要求多中心治理的架构，这和当前中央集权的经济治理架构是有矛盾冲突的。所以，"营改增"开启了分税制改革的大幕，但仅有"营改增"是不够的。

从非法集资到互联网金融
——民间金融涌春潮？

社会热点

近几年，浙江温州发生了许多非法集资案，企业主纷纷逃跑，企业关门倒闭，比如温州的波特曼、江南皮革等知名企业。因资金紧张，民企生存环境恶劣。

为了融资，民企老板想方设法地从老百姓手中获得资金，而刑法中的非法集资罪又如达摩克利斯之剑悬在企业主的头上。早些年，企业家孙大午因非法集资罪被判刑。近几年，浙江女富豪吴英因非法集资罪被判死缓。还有2013年震惊国内外的曾成杰案，曾成杰因非法集资罪被判死刑。

适用死刑显然是非常严重的处罚，一些学者和人大代表不断地提议案，要求废除集资诈骗罪的死刑，理由有：第一，集资诈骗罪的犯罪构成要件容易导致司法机关误判、误杀；第二，集资诈骗罪的特性决定了应当废除死刑；第三，集资诈骗罪中受害人自身的过错决定了不应当适用死刑；第四，集资诈骗罪适用死刑有悖刑法的功能与目的；

第五，现行金融体制与制度上的缺失也使得集资诈骗罪适用死刑不妥当；第六，集资诈骗罪死刑的适用和取消金融领域的非暴力犯罪死刑的世界潮流相违背。

另外，互联网金融这一新兴事物正以势不可挡的速度发展。国家将出台互联网金融监管政策，将互联网监管纳入现行金融体系，并制定相应的监管政策，使互联网金融市场真正进入自由金融的时代。

刘少军（中国政法大学金融法研究中心主任）：我想从以下角度来谈互联网金融：第一，民间金融的类型、价值定位以及发展趋势；第二，民间金融的风险和法律规范；第三，民间金融的监管模式与体制。十八届三中全会以后，金融体制改革的机制很多，发展变化的东西也很多，十二届全国人大二次会议上，李克强总理的报告里也谈到互联网金融问题。

如何来定义民间金融？我想它大概有三个特点：一是没有明确的经营授权。我们国家的金融是授权金融制，没有授权，你经营的话，原则上就属于非法经营。二是没有明确的法律规范。其实，票据市场、场外期货交易等都没有法律规范，出事了，媒体报道出来，全民关注；没有出事或者没有出大事的，就没有引起大家的关注。三是没有明确的监管。民间金融出问题，很重要的原因是没有监管，也不能监管，因为现行法律中没有明确赋予监管的权力。

从功能上讲，民间金融做了什么事？一是虚拟货币的发行，比如比特币、Q币、游戏币，对中国的影响还是很大的。二是虚拟货币和法定货币的流通、融通。

从现行法律划分，可以分成两类：一类是明确的非法金融。对于非法金融而言，基本的界定是没有经过批准的公募，就算非法。主要是放高利贷或者没有经过授权经营金融业务。比如非法吸收公众存款罪，起点很低，20万元就够判刑。最重的罪有死刑，比如集资诈骗罪。还有擅自发行股票或者公司、企业债券罪，这都是我们国家明确规定的非法金融。另一类是灰色金融，即民间金融。没人能明确说它是合法还是非法，从严格意义上说，有非法的嫌疑，但好像又不太非法，处于灰色地带。对于民间金融，大家最关心的是如何看待灰色地带的问题。中国的立法思路，历来就是摸着石头过河。干什么事，只要不是明显违法的，就先干着。其实，从法律角度来看，很多是违法的。一旦你出事了，就得把你关起来。经过长时间的发展，感觉你这个东西还不错，再总结、制定规则，把你收编成正规军，合法化。这就是中国现在的立法思路。所以，民间金融处在灰色地带。

按手段来划分，既有传统手段的民间金融，也有互联网金融。我主要谈互联网。

从价值定位上讲，首先必须肯定民间金融是一个民间的东西。第二次世界大战后，世界各个国家对于正规的、明确的、大的金融实行严格的监管。那些没有纳入规范的、没有纳入监管的新东西，就成为民间金融的东西。所以，民间金融的存在是非常有必要的。我觉得它最主要的作用，在于熟人之间无担保的金融和高风险的金融。生人之间有担保的金融由正规的大型金融机构来做，你有好几栋房子、上亿资产的担保，没有哪家银行会不给你贷款。核心的问题在于我没有财产担保，但我需要钱，这怎么办？再者，高风险的借贷，正规金融机构不可能进行这种借贷。所以，这个领域，传统金融不可能做。小微企业融资恰恰就是这样的特点，大银行不贷款给小微企业是正常的。

如果我是做银行的，也愿意"傍大款"，贷款给大民企，一下100亿元，制度健全，抵押担保也没有问题。所以，民间金融可以为小微企业服务，为它们提供贷款。

再有，民间金融是金融创新的源泉。老的金融、正规的金融已经形成了固定模式，很难进行技术创新，真正创新的是民间金融。中国真正缺乏的是老百姓的创新，比如互联网这种东西纯粹是老百姓的创新。如果没有民间金融，金融创新就成了领导人的创新，那金融创新搞起来就很难了，也创不了什么新。民间金融创新往往是在最基层、最草根的层面上。但是，我们必须强调，民间金融如果搞得不好，真的会出大事，会危害社会，甚至会导致很多人倾家荡产，把棺材本都赔进去。所以，虽然民间金融有它存在的必然性，但必须进行正确的引导、严格的监管。

下面我说说网络经济。互联网的出现，对金融的影响是最大的，因为金融信息通过互联网传播是没有任何问题的。互联网金融的类型有两大类：一类是传统金融业务的互联网化，比如网上银行、证券交易。

另一类是现在的新东西，比如第三方支付。包括：

（1）网上支付、手机支付。最近又有了跨境支付，我们可以到国外网站去淘宝，外国人也可以到国内网站淘宝，用人民币来结算。上海自贸区的办法已经出来了。

（2）直接支付。过去是通过银行，现在可以通过互联网实现直接支付，不需要再通过银行到户。

（3）网上理财。

（4）网络的投资、融资平台，比如人人贷。

（5）网络私募。通过网络私下募集资金，一般是200人以下的规模。

（6）可以发展但现在还没怎么发展的东西。比如场外的期货交易，这种交易完全可以放在网上，而且这种交易在某些品种里很重要、很有用。

（7）各种各样的信用评价，比如网络交易评价。

（8）发行虚拟货币，比如比特币。还有人提出要搞虚拟货币金融，我反对搞虚拟货币金融，因为没有必要。

互联网金融有以下一些发展趋势：

（1）小额支付外网化。

（2）经常性小额支付直接化，即不通过银行，手机就可以支付。

（3）个人支付手机化。我觉得将来银行的营业网点很可能会变成早餐店，ATM机可能会变成垃圾箱，最终的个人支付形式是手机化，因为拿手机支付太方便了。

（4）银行存款正常化。将来银行存款会变得越来越少，大额的定期存款会变成证券性的东西。

（5）金融机构虚拟化。现在有很多银行网点，将来不需要发展网点，通过网络做业务就行了。

（6）小额融资社会化。大额融资社会化比较难，小额融资可以不通过金融机构，实现社会化融资。现在有关方面已经起草了非吸储机构条例，合适时会上报国务院。

（7）出现一些新的金融机构。如果第三方金融机构普遍出现，那就厉害了。

（8）电信金融机构。如果它真的很安全，银行可能就没有意义了，中国移动就变成银行了。未来的趋势应该是这样的。

（9）网络融资平台公司。我认为网络融资平台公司会很有前途，将来必然会存在的。

（10）网络投资平台公司。我觉得这个趋势很好。

（11）网络金融商品交易平台公司。除了正规的交易所外，传统的类似于柜台的东西，将来肯定会通过网络实现，也就是非标准化的交易。标准化的交易可以通过期货市场进行，非标准化的交易可以通过场外的东西——网络来实现。

（12）各种金融信息的提供。

下面我谈一下网络金融的风险。最大的问题是外网安全问题，如果安全问题解决了，所有银行可能会在一夜之间关门，不需要银行了，中国移动就是最大的银行。所以，外网安全解决好，互联网金融就能发展好；解决不好，互联网金融就发展不好。

第一，虚拟货币。我对Q币、游戏币非常看好，这个东西必须存在；而比特币前途怎么样，不大好说。比特币是否是货币？连虚拟货币都不算，因为它主要不是用于交易、结算，而是靠炒。可以肯定的是，如果真有这种货币，好处是网络交易时直接支付就行，因为它不同于主权货币，没有国界的麻烦。

第二，如果有账户，支付宝上有资金，能否保证账户资金的安全？如果保证不了，那网络金融就前途未卜了。还有，网络金融的信息是否可靠？

第三，互联网平台不能成为"非法集资""吸收公众存款"的工具。打击非法集资、打击集资诈骗是为了保护老百姓的利益，防止一些别有用心的人把老百姓的钱忽悠到自己手里。

第四，网络金融模式是否可靠？现在什么创新都有，到底哪个是有前途的，哪个能真正存在，大浪淘沙能淘出几个来？比如前几年搞团购，搞了一年以后，都老实了。就这样让其自生自灭，法律不需要去管。

那怎么防范风险？第一，必须保证核心网的安全，银行系统、证券交易系统、期货交易系统，内网绝对不能出事。第二，各种网络平台不能成为融资主体，仅是信息沟通的主体。如果网络平台成为融资主体，将是很可怕的，几天内网上就能成为一个大银行，再过几天，你网上的资金就全没了。所以，国家不敢轻易放开，主要是为了防范新的金融风险。第三，设立账户必须取得监管机构的许可。第四，网络平台作为融资主体不是不可以，但必须取得许可，纳入监管，否则就是非法经营。现在社会上有大量机构打着这个旗号吸收存款、发放贷款，把老百姓的钱都吸走了，钱贷出去收不回来，最后老百姓血本无归。所以，必须防止这种情况。第五，互联网金融主要是针对小额支付，大额支付现在还不敢放开，因为无法保证安全性。几十万、几百万、几千万元在互联网上支付，让互联网机构去经营太不保险，因此还是银行经营，因为银行内网基本上是安全的。第六，禁止互联网平台为非法集资和非法吸收公众存款提供服务。一旦某种互联网模式成熟了，可以长期发展这种模式，可以立法规范，把它收编成正规军。

中国现行的监管体制基本是机构型、品种型，监管机构、监管品种。机构的准入、品种的准入主要是审批，审批完了就不管了。民间金融机构不是正规的交易机构，交易的品种也不是正规品种，当然是监管的空白区。而且，按照现行法律，监管机构没有权力监管金融，更难以对自发的金融进行监管，因为我们现在的模式就是批机构、批品种。

从监管的体制上说，我们是中央集权的监管体制，虽然地方政府设立了金融办、金融局，但这些机构到底是什么性质，跟中央监管局关系如何，没有明确的规定。我觉得，它们顶多算是协调机构，没有正规的监管职责，也没有体系化。现在的金融监管体系有几个问题：一是行政干预没法杜绝。二是民间金融没法监管。三是监管限制——表格式、许可式的监管，而非服务式、实质性的监管。表格式的监管要变成实质性的监管和服务式的监管，被监管对象一来，要非常高兴地欢迎，真心地欢迎。为什么？因为监管的目的是防止金融风险。我们之所以出这么多问题，很大程度上是因为监管机构不是服务型的，服务没到位，很多集资人并不知道有这么大风险。如果监管机构能提供好服务，这件事就解决了。当然，前提是监管模式的转变，由机构准入型、产品准入型，变成风险监管型。有金融风险的地方就应该有监管，这样才能把民间金融搞好，把互联网金融搞好。四是地方监管机构。现在有金融办、金融局，必须赋予地方监管机构职能。监管机构必须相对独立，至少要独立于行政，地方监管机构既要听中央的，也要有自主独立性。

当然，中国正从制度上努力做好这些，设立大量的小型金融机构往外放，逐渐使其合法化。互联网金融还需要在灰色地带待一段时间，因为有些问题还不是很清楚，有些业务还不成熟。要想使其合法化，需要在立法上做些工作，但目前来说，时机还不是很合适。

思维共振

姜明（全国人大代表、河南天明集团董事长）：

我谈的是关于集资诈骗罪废除死刑的建议。

为什么提出这个议案，有几个缘由：

一是浙江吴英非法集资的死缓案，还有湖南曾成杰死刑案，引起了社会上的广泛讨论。

二是在2014年亚布力中国企业家论坛上，我和论坛理事长交流，他说未来主要做三件事：第一，呼吁保护中国企业家的人身安全和财产安全；第二，呼吁中国建立市场机制；第三，在中国建立完善的法治体系。对此，我非常赞同。针对曾成杰案，在2014年的两会上，我提出了废除集资诈骗罪死刑的议案。

废除集资诈骗罪死刑有6方面理由：

第一，集资诈骗罪构成的要件容易导致司法机关的误判和误杀。

第二，集资诈骗罪自身的特性决定了应当废除这样的死刑。

第三，集资诈骗罪受害人自身的过错决定了不应当适用死刑。

第四，集资诈骗罪适用死刑有悖于刑法的功能与目的。

第五，现行金融体制与制度上的缺失也使得集资诈骗罪适用死刑非常不妥。

第六，集资诈骗罪死刑的适用与取消金融领域的非暴力性犯罪死刑的世界潮流相违背。

基于这6方面的理由，我提出了废除集资诈骗罪死刑的议案。

对这个问题，大家的认识有较大的分歧。我提的这个议案，大家都不是特别乐意签，觉得这是一个敏感的话题。当然，也有赞成的。其实，建议废除死刑并非宽容和不处理这种行为，而是因为集资诈骗罪确实有司法机关不好认定的问题。

我对废除集资诈骗罪死刑的议案充满信心，希望大家和我一起呼吁，废除集资诈骗罪死刑。

彭冰（北京大学金融法研究中心副主任）：

民间融资是熟人之间的借贷，这是老百姓的权利。从逻辑上来分析，民间自发性的融资，由于受限于信息不对称、交易成本、交易范围、规模等缺陷，融资效率会很低，成本也会很高，很多时候融不到资，在最需要的时候拿不到钱。

从金融发展的历史来看，一些金融机构，比如商业银行、保险公司等金融中介机构，按现在来讲就是"正规的金融机制"，都是从民间融资生长出来的专业化机构。这些专业化机构本身的运转是有问题的，比如商业银行模式，它是一个风险很大的交易模式，但国家可以支持它，也可以监管它。监管本身是对它的一种支持，使它可以获得更多的社会信用，更好地做到金融匹配。

还有，互联网金融从技术层面上说，有没有解决原来的民间融资面临的高成本、难匹配的问题，以及信息不对称的问题？就我的观察而言，还没有完全解决。对于有些新技术，如果能在互联网平台上建立起市场信用，就能很方便地聚集起资金需求者和资金提供者，让他们在互联网的平台上进行交流，从理论上说，成本会很低。问题是：能否建立起市场互信？陌生人在网络上，不知道对方是谁，能否建立起交易？这些都有待于我们进一步地研究和观察。

黄震（中央财经大学金融法研究所所长）：

我想谈谈从民间金融到互联网金融。

第一，新一轮互联网金融的爆发，是因为民间金融已经积蓄了很高的势能，民间资金的"堰塞湖"已经积得很高，民间募资需求非常强烈，互联网工具一对接，就形成了很大的爆发力。

第二，互联网不是一种工具，而是一种价值追求。在中国，人们把互联网提升为"互联网精神""互联网思维"等，通过互联网，可以实现民主、自由、平等等美好的价值追求。而在美国、欧洲，互联网仅是一种工具。

第三，中国的互联网金融是以互联网企业为基础的，它不同于美国、欧洲的互联网金融（以金融机构为主体而延伸）。中国的互联网企业，只要用户多，不挣钱也行。

民间金融为什么会爆发？因为中国企业融资难，中国民众投资难，两难。中国的中小企业目前有三难：融资难、融资贵、融资险。其一，融资难是当前民间金融的最大问题。互联网金融的发展使老百姓有了更多的融资渠道，民间融资自然就难了。其二，融资贵。在互联网金融出现以前，信息不透明，为了防止资金断裂，很多企业会以高年化利率去融资。其三，融资险。非法集资、集资诈骗，最严重的可以判死刑，我非常赞成废除死刑，以解决融资险的问题。

在互联网时代，互联网金融和非法集资必须划清界限。打着P2P（网络借贷）旗号进行非法集资的平台，不是P2P平台，而是集资诈骗或者非法集资的平台。

我们应该清楚地认识到，P2P、众筹并不是天然就和非法集资联系在一起的，而是人为的事情。对于这些，我们要做的恰恰是呵护和宽容，给它们一个创新的空间。应该慢一点，给一个观察期，3到5年后，等产品定型，再进行行业自律、监控，逐渐从法律上来规范和完善。所以，从民间金融到互联网金融，正是因为有监管的漏洞，才有创新的空间。

京津冀一体化
——中国城镇化新战略？

社会热点

现在，中国有很多城市患上了"城市病"。拿北京来说，交通拥堵、人口拥挤、环境污染困扰着2000多万生活在北京的人，一到雾霾天，人们就盼风来临。城市越大，"城市病"就越厉害，如何来缓解？

说到京津冀一体化，大家不自觉地想到长三角，长三角的一体化发展比较好，是中国改革开放区域发展的典范，北京为何不能成为试点典范？北京有往来廊坊高教校园区的交通条件，有大学城公交车，为什么廊坊对此不愿意？因为北京没有给中间城市带来机遇。能否打破一亩三分地，实现1+1>3的效果？

在京津冀一体化上，河北热情很高，原因是：以往的北京发展总是让天津、河北如何配合、如何跟进，这次提出把首都的部分功能迁过去，还要搞特区，甚至新的机构。因此，河北率先出台意见，将承接首都行政事业功能。对此很多人疑惑：中南海要不要搬过去，高校要不要都迁过去，要不要摊大饼式地来发展北京的七环？现在，河北的房价已经高涨，会不会是阴谋炒房价？

冯奎（国家发改委城市和小城镇改革发展中心研究员）：要充分认识京津冀一体化的意义，在我看来，京津冀一体化有这么几个特征：

第一，在中央的眼皮底下；第二，习总书记亲自推动；第三，这个区域的规模（21万平方公里，1亿多人口）在世界上有重要影响；第四，这个区域是我们参与国际竞争的非常重要的区域。

现在北美建立了自由贸易区，欧洲通过各种城市群的组合焕发出活力，但中国东部地区显然是不平衡的。京津冀一体化的发展有助于提升中国在国际上的影响力，特别是通过世界城市的打造，提升国家的影响力。所以，这是国家战略的重要体现。

最后一个特征是，国家新型城镇化规划颁布后，首先会讨论、推动这个重要区域的发展。新型城镇化规划所解决的问题跟京津冀一体化所要面对的问题，从严格意义上说并不是同一个问题。京津冀一体化主要针对的是区域的问题，新型城镇化研究的对象是城镇化发展，但两者有密切联系。所以，我们也在思考：京津冀一体化发展能不能充当新型城镇化发展非常好的试点，包括目标选择——是走城镇化的老路，还是能带来新的路径和新的活力？在体制机制改革等方面，京津冀一体化能为其他城市发展、区域发展带来重要的制度性探索。在这一点上，今天讨论的主题非常有意义。

目前，大家在振奋之余也有很多担忧。媒体热炒京津冀一体化，大家看到"全局未定（首都经济圈的规划没有出台），保定先行""规划未出,房价先行""人员未动,新城先行"。新型城镇化最大的特征和亮点是以人为核心,但我们没有看到解决人的问题,而一些地方纷纷宣布要建设很多新城。我们也看到产业未动,但很多地方已经摩拳擦掌,提出规划出上千平方公里的土地,来承接首都北京的输出功能。

"产业未定,土地先行"是一个阶段性的现象,在某种意义上,市场化的要素、力量对未来发展充满希望是正常的,但另一方面,这也反映出京津冀一体化的理论共识、政策共识还不足以消除大家的困惑。因为你没有提供太多确定性的信息,所以大家就有很多传言,有很多非理性的期待,也有很多貌似走在老路上的思维。这确实会让地方对将来怎么走产生疑虑。因此,有必要推动多层次的讨论,这样的讨论非常有利于发展。

在京津冀一体化过程中,如何体现新型城镇化的思想?新型城镇化规划颁布后,大家在解读时提到它有很多新意,比如以人为核心,提出了两个城镇化率,重点要解决"三个1亿人"的问题,通过"四化同步"的方法来推动新型城镇化等。这里我重点讲一个问题:在京津冀一体化发展过程中,大、中、小城市协调发展的问题。我的核心观点是:在京津冀一体化发展过程中,应该让一体化的红利更多地汇集在这个区域的各类中小城市,避免以往发展上存在的一些问题。

主要基于几个原因:第一,从京津冀的现状来看,特大城市遇到一些问题,从长远来看,是提高它们的竞争力,解决它们发展腹地的问题,解决它们在世界城市体系中重新定位的问题。重点是针对北京、天津这样的城市而言的。所以,对于河北的众多城市来说,选择一条什么样的道路是需要思考的。

为什么我要强调中小城市发展在京津冀一体化中的重要性?河北省所做的"十二五"城镇化发展规划提出,河北省的发展目标是:通过城镇化，努力建设300万以上人口的城市，主要是石家庄、唐山；200万人以上的城市是邯郸、保定；100万人以上的城市4个，50万人以上的城市6个；同时也希望通过努力，确保列入各类重点建设的城镇达到55个，每个城镇的镇区人口达到3万。这样一个城镇化规划是基于河北省城镇发展的基本现状提出的，这些现状告诉我们，河北省的城镇规模总体偏小、偏弱。因此，我们现在的发展不能脱离这样的基础，盲目地来规划500万以上人口的城市。

第二，要考虑城市发展所依赖的基本条件，比如资源条件。京津冀地区地形、地貌变化非常大，山前发展带、沿海发展带等不足以支撑太多大城市、特大城市的发展。所以，要考虑城市发展的规模问题，比如对水资源的限制非常突出，对土地资源的限制也非常突出。

第三，如果我们在这个区域过多地强调特大城市、大城市的发展，很可能会走上以往城镇化的老路，即在京津冀一体化发展过程中，掀起新的制造特大城市的运动。中国的城市有行政等级，高等级的城市完全可以通过攫取资源的方式，将它腹地里的中小城市的各类资源吸收过来，做大城市规模。如此，中小城市就失去了其发展机遇，而特大城市在一段时间内可以继续发展。

第四，河北有大量的贫困地区、大量的农村地区，重视中小城市的发展也是就近、就地城镇化的一种体现。可以逐步发挥中小城市重点镇的辐射力，逐步解决这个地区所面临的非常大的问题，也就是农村赤贫带的问题。

还有一个原因，现在已经出现了一些苗头和倾向：各个地方政府因为急于想出政绩，往往会采取堆砌资源、攫取资源的方式来堆积一个大城市，比如将各类土地指标用于一个假定的副中心，或者一个假定的将来要集聚影响力的特大城市。如果按这样的路子走下去，我觉得一体化给河北的中小城市带来的红利并不能完全得到落实。最后可能是一两个特大城市、大城市发展起来了，而大量的中小城市仍然没有机会发展，农村问题还是没有解决，城乡一体化矛盾仍然突出。所以，要避免这些问题。

那么，如何做到在发展过程中推动中小城市的发展？

第一，不能急于求成。

第二，坚持特色中小城市的发展。中国有些中小城市，可能就是一个县城或者一个小城镇，当交通基础设施、基本公共服务改善后，完全可以靠一些基本特色，在特大城市周边获得比较好的发展。比如河北的正定，几年前的房价是一两千块钱，现在涨到一两万块钱，原因是有滑雪场的特色优势。如果把它的发展能量集中到张家口，它就失去了发展动力。所以，应该发展更多的像正定这样的中小城市，而不要局限于几个地区城市或者定义中的副中心城市。特色化发展很重要。

第三，强调改善基础设施的作用。把基础设施、综合交通改善后，很多小城镇和小城市会立足于自身的特色而得到发展，这不是没有可能。

第四，结合特色产业、小微产业的导入，促进中小城市的发展。

京津冀地区有一个特征：行政力量过于强大，有很多央企和国企，但民营企业的发展不是很充分。如果想集中资源来发展几个特大城市，可以利用政府的力量，推动资源向河北范围内的一些特大城市集中，这样很快就会造出政绩。但本质上，这些城市长期发展所需的毛细血管还没有培养出来，城市持久发展的活力就形成不了。所以，我觉得一旦确立了重点支持中小城市发展的政策，政策思路就可能和现在有所不同。这不是一个可有可无的问题，而是一个值得我们去重视的问题。

对于保定，它未来发展的前景和面临的障碍是什么？我觉得从顶层设计的角度来看，不应该只关注一两个特大城市的发展，而应该关注中小城市的发展。我曾经接到过凤凰卫视打来的一个电话，想了解保定政治副中心的问题。我给他们回了一条短信：不可能。我说不可能，并不是基于城市定位或者区域发展考虑的，而是一个常识判断。我觉得"政治副中心"这个词在我们国家是一个高度敏感的词，潜在意味着机构分立、分权甚至制衡的现象，所以不可能有"政治副中心"。

河北省在推进新型城镇化的意见中曾提出将保定打造为承接首都部分行政事业功能的重点服务区，这确实为发展特大城市拉开了序幕，但有很多阻碍因素，短时间内难以实现。

一是在北京行政区周边曾经规划过一些所谓的北京副中心或者区域中心，如顺义、通州。北京的医疗资源，七成以上的三甲医院聚集在六环以内。我们也看到，在北京行政区范围内，延庆这样的地方连一家三甲医院都没有，这让我们怎么能相信这样的资源马上能输到保定去？北京并不能把这些资源从城市中心很快地输到保定，而且北京本来就有很多贫困地方和落后地方，也有很多中心区和副中心。也就是说，保定提出自己的定位时，面临着和北京自己的区域中心的竞争。

二是保定的定位面临着和周边城市的激烈竞争，而我并不相信这种竞争都非常有利于保定自身。比如行政、教育、医疗等机构，这些机构的集聚并不是遵循和企业的集聚一样的规律。行政事业机构的集聚，很多时候要考虑到公共服务的均等性。一个中小城市具备了一定的优势，也需要发展成一个功能相对综合的城市，集聚行政事业、教育、医疗机构有必要性，也有可能性。比如张家口、正定这样的城市，既有必要和可能去集聚体育方面的资源，也有必要和可能去集聚教育和医疗方面的资源。这是政府所应倡导的。

三是保定自身有一些特殊性。对于保定，河北省的"十二五"城镇化发展规划提出立足于现状，打造200万人以上的城市。这是相对比较客观的，也实事求是。现在突然大跃进式地打造保定，我不认为保定在短时间内甚至五六年内具备吸纳人口的能力。还有，河北周边有一些地方，比如秦皇岛已经出现了一定程度的空城现象，这些地方的城市生态相对脆弱，水资源不足。所以，我觉得不能超出实际而进行这样的想象。

四是类似于保定这样的地方，现在媒体上的说法叫作"副中心"，但我要澄清一下，河北省关于推进新型城镇化的意见里只是说保定要成为首都部分行政、教育事业等功能的承接地，承接首都功能的服务区。一些人认为它有"副中心"的潜质，才对把它打造成特大城市抱有信心。我认为，他们忘记了重要的一点：对于一个城市来说，宁愿去掉"副"字，直接做"中心"。因为"中心"是立足于实际、立足于自力更生，凭借着自身的资源一步一步踏踏实实地发展的。一个城市把资源寄托在另外一个特大城市的副中心身上，自己还想有特别大的发展，这和哲学上所讲的自力更生、内因为主是有矛盾的。从国外来看，伦敦、巴黎、东京、纽约都市圈都有中心，它们的中心包括国际中心、区域中心、地方中心，也包括邻里中心。它们都活得很好，功能相对综合、独立。它们的哲学思想是立足于自身条件，成就自我。而我们想做一个特大城市，理论基础是另外一个特大城市的附属，我对这样一个准特大城市的发展感到困惑，这也是我提出要一步步推动中小城市发展的原因。

> 思维共振

郑新业（中国人民大学经济学院教授）：

对于这样的问题，我们应该站在一个更大的范围内来讨论，而不是光站在北京的角度来讨论。

京津冀一体化的目的是什么？我总结了三方面的问题：污染严重、产业结构重、地区差异大。第一是污染严重。城市发展到一定阶段，污染的确很严重。从工业废水排放量、二氧化硫排放量、工业烟尘排放量三个指标来看，京津冀这些城市在全国排名中均排在20名以内。唐山二氧化硫排放量排第一，石家庄工业废水排放量排第一。北京工业废水排放量排在第7位，二氧化硫排放量排在第10位，烟尘排放量排在第11位。从这组数据可以看出，京津冀这些城市的污染非常严重。

第二是产业结构非常"重"，主要体现在高耗能产业。2011年的高耗能产业，北京占1.6%，天津占3%，河北占7%，京津冀地带总共占了11.6%。全国6大高耗能产业的用电量占全国用电量的48%。

第三是地区差异大。关于经济，职工人均工资排名，北京排第2位，唐山排第7位，天津排第17位，保定排第179位。从全国排名来看，河北的城市都是很靠后的，除了唐山。低保也是，人均低保北京比较高，河北比较高的是石家庄（238元/月），低的还有173元/月的，如沧州。教育就更差了，一本录取率，天津是24.52%，北京是24.33%，一到河北就变成了9.03%。城市绿化率，北京排第19位，沧州排到了第208位。所以，发展差距是非常大的。在这样的背景下，京津冀一体化如何融合？城市的聚集经济很难打破，京津冀一体化不一定是天上掉馅饼。

北京是有名的拥堵和污染严重的城市，污染不太好解决，拥堵也不能光怪产业。北京的问题完全是布局问题，学校和医院都设在市中心，因此大家上学、办事全往城里走，拥堵问题不是把产业拿出去就能缓解的。

总体而言，在当前的经济发展阶段，中央要解决污染严重、产业结构比较"重"、地区差异比较大的问题，需要避免的是区域不辐射、产业不带动。基于此，我觉得我们的期望值不要太高，尤其是不要光想着做多大的饼，而是要先考虑减少多大的损害，不能让河北未受其利，先受其害。如果不采取措施，京津冀一体化是很难做到的。

郑思齐（清华大学房地产研究所副教授）：

我认为，把城市内居住、产业和公共服务三要素互动延伸到城市体系研究里，对于京津冀一体化有一定的借鉴意义。像北京这样一个大城市，应该和周边城市形成互补和联动的效应。大城市、中城市、小城市联动起来，需要聚集经济很强的城市化经济产业来适合大城市，比如金融。有一些适合中小规模、形成地方化经济的产业，可以分布到小城市。对于居民来说也是如此，一些大型的公共设施和服务需要规模经济，还是应该分布在大城市，比如机场和博物馆；而一些日常需要的服务，小城市也是具备的。这样，居民和产业就能够在大、中、小城市自由选址，形成一个梯度的自由选址。

我建议，公共服务共建共享机制应该和房地产市场联动起来。因为公共服务分散开，会带来地方居住机会的很大差别。如何避免房价先行？在公共服务开始改善的地方，不能限制住房用地的土地供给，因为居住用地供给约束一般会带来房价的快速上升。为了靠近某个学校，必须支付很高的房价。为了提高人们的住房支付能力，应该在公共服务比较好的地方加大住房供给，给人们提供机会。

王敬波（中国政法大学教授）：

从法律角度看这个问题为时尚早，但制度安排可以先行。从制度安排上讲，可以从5个方面对京津冀一体化做前期性研究：

第一，区域规划与现行规划之间的制度矛盾。现在的规划制度包括《城乡规划法》都是以一个城市为核心的，目前还没有区域规划的法律定位，以及跨区域的制度安排，但以区域为中心的一体化建设已经超出了我们现在以城市为核心的行政体制架构。

第二，京津冀一体化涉及决策的公开和经济社会的稳定问题。近年来，多次重大行政决策的信息公开引发社会上较大的信息波动。这个问题很困扰我们，现在强调公众参与，政府决策吸纳公众的意见，在民众决策的基础上推进科学决策，但决策信息如何公开？怎么能既保证民众的公正、平等参与，又能够避免不当得利，保证整个社会的稳定发展？

第三，京津冀一体化用什么方式来实现？是以合同还是以行政命令的方式实现？实现方式不同，载体不一样。如果以区域城市间的行政合同性质来实现，这个合同怎么签订？各地的决策应该怎么做出？类似这样的重大制度安排，理论供给似乎不充分。

第四，现行的制度安排对这类纠纷的解决没有提供什么渠道。很难想象北京和天津吵起来，去哪儿说理。从争端解决机制的设立上来说，《行政诉讼法》中的机关诉讼是一个待解决的问题，现行人大持回避态度。很多人认为这件事在中国不是事,可能现在不是事,但它终归会成为一件事。

第五,京津冀一体化到底要实现什么目标?目的决定了功能的分流,什么分出去、怎么分是核心问题。京津冀一体化还涉及其他制度安排,比如行政权力的"走转改"。如果中央的权力不是这么集中,很多问题就能疏解,包括教育均衡问题。这些问题如果都能够得到有效的制度安排,就不一定非要通过一体化的方式解决,通过市场资源已经实现了一体化的融合。

管清友(民生证券研究院副院长):

关于京津冀的发展,已经说了30年了,之前有京津唐工业基地、首都经济圈、环渤海经济圈、环首都经济圈等规划。这个老话题为什么会重新发酵?我觉得有三个原因:

第一,最高领导人下指示,马上要落实。政府工作报告、全国两会都在讨论这个问题。

第二,战略转换驱动。我觉得未来三五十年的目标是打造中国经济第三极,如果仅从珠三角、长三角画一个圈来理解习总书记的格局,可能有点想低了。我们理解,京津冀区域和一带一路(丝绸之路经济带和21世纪海上丝绸之路)会成为决定中国未来几十年发展的大战略(涉及全局,包括经济社会领域的考虑和政治安全的考虑)。所以,京津冀的发展是长期的、持续的。

第三,现实问题倒逼。现实问题中有一个非常重要的因素,即政治和安全。我们必须充分考虑未来30年、50年中国国际地位的变化,以及来自内外部的冲击和压力。假设"9·11"式的恐怖事件或者昆明恐怖袭击事件发生在北京，这样一个交通拥堵、人口稠密的特大城市会怎么办？说得再严重一些，如果遇到外部有局部战争，北京作为首都和军事指挥中心怎么办？政治和安全方面的问题，是这次京津冀协同发展和疏解首都功能非常重要的考虑因素，甚至可以说是出发点。

那么，如何实现协同发展？我有几点建议：

第一，在中央层面成立一个领导小组很有必要。在现在的国情下，可以仿照当时西部大开发的模式在改革办或者发改委成立一个办公室，因为据我所知，西部大开发办公室在10年以后就撤销了，既不占用编制也不多拿工资，这事非得中央去协调不可。协调的主要目的是北京必须做减法、让利。京津冀之所以难以协同，很大问题是产业同质化、产业竞争。不解决这个问题，这三兄弟永远回不到一个窝里。

第二，规划与落实并行。现在已经在落实，但不是市场起决定性作用，而是地方政府起决定性作用。所以，规划和落实要并行。政府真正起的作用是严把环境关，特别是在环境保护区域的联防联控上。

中国的边疆治理
——历史与现实

社会热点

中国的边疆面积广大、资源丰富、民族众多、人口结构复杂、战略地位重要、生态安全形势严峻,对整个国家的发展、稳定和安全具有重要影响。如果边疆乱了,要统一是不可能的。

在秦王朝时期,中国就建立了统一的中央集权国家。两汉时期,确定了以中原为中心的传统统治区域,明确将"四夷"确定为王朝国家的边缘性区域。唐王朝时期,将"先王封疆"确定为核心区,将"四夷"确定为边疆。那时候,在明确全面的边疆观念的同时,以宏大的视野审视内地与边疆、汉族与少数民族的关系,将边疆防御体系与边疆民族地区的设置结合起来,独创了羁縻府州制度。同时,设立安抚、征讨并重的都护府,这在唐朝诗歌里有很多反映。清朝时期,完成了对边疆地区的统一,对边疆地区行使主权(唐朝也行使主权),进行有效的管辖。清朝对中国的土地扩张做出了很大的贡献。辛亥革命以后,以国家边界来划定边疆的边疆观,逐步取代了把边疆看作王朝国家统治范围的边缘地带和夷狄之地的观念。中华人民共和国成立后，边疆架构也被置于一个前所未有的国家体系中，现在有自治区等。

随着中国的发展和壮大，边疆问题越来越突出，比如钓鱼岛问题，还有南海问题等。面对一系列的挑战，中国传统的边疆治理结构将如何重构与转型，构建起现代型的边疆治理结构？

邢广程（中国社会科学院中国边疆史地研究中心主任）：边疆治理包括古代边疆问题、近代边疆问题、现代边疆问题、当代边疆问题4个时间维度。研究边疆问题，主要从中国的"三边"来研究：一是中国的边疆问题；二是中国的边界问题；三是中国的周边环境。说到边疆，要从三个支点来说：中国边疆的安全问题、中国边疆的稳定问题、中国边疆的发展问题。

第一，中国是一个不善于开疆拓土的国家。中国的和平发展战略被世界广泛误读，似乎中国就是一个扩张性的国家，其实不然。翻开中国的历史，尤其是疆土历史，能非常明显地发现不是这样的。俄罗斯才是真正意义上的开疆拓土的国家，俄罗斯从莫斯科公国发展成了跨欧、亚、美三洲的大国。后来可能是因为领土太多，经营不过来，俄罗斯就把阿拉斯加很便宜地卖给了美国。现在俄罗斯比较后悔，当时不知道阿拉斯加下面有什么东西。所以，边疆不能光看国土，还要看国土下面的东西。

第二，中国版图的大模样。唐朝是中原王朝将其版图拓展最大的王朝，5个朝代给中国古代版图提供了大模样：秦、汉、唐、元、清。

历史上，中原王朝和北部的游牧民族、少数民族在政权上发生过一系列可歌可泣的战争，我们都知道那首著名的诗词："秦时明月汉时关,万里长征人未还。但使龙城飞将在,不教胡马度阴山。"所以,农耕文明对于游牧民族来说具有巨大的冲击力。

第三,古代中国边疆的经济文化的拓展。说到古代中国边疆的疆域安全问题,从中国王朝的视角看,北部的少数民族对中原构成了威胁。汉朝时期,罗马帝国离我们很远,对我们构不成威胁。俄罗斯9世纪才形成,那时候还没有俄罗斯。所以,域外对中国不构成威胁。

古代边疆经济的发展是很重要的。从秦汉时期开始,直到明清时期,中国通过丝绸之路和中亚、欧洲建立了比较密切的商贸往来。中国的茶叶、丝绸和其他商品通过丝绸之路向欧洲运送,欧洲的产品也运到中国来。我们现在种的很多农作物,包括黄瓜、胡萝卜等都是从西域甚至更远的地方传来的。从边疆角度看,古代中国还是比较开放的。

古代中国对边疆治理一直有一套方法,比如汉朝时期实行了都护府统治,唐朝也是。清朝入主中原后,也有自己的一套治理方式,比如在东北地区、新疆都实行将军治理方式,包括现在看到的内蒙古、西藏地区建立的体制。所以,在边疆治理方面,中国从汉朝到清朝都有一套完整的战略、策略和规范制度。

古代中国的边疆关系是由一个宗主国和周围附属国构成的关系,即中藩之间的关系。通常所说的"三边",指的是边疆、边界(古代边界问题不是现代意义上的边界问题)、周边。

回顾历史,从近代到现代,仅仅一两百年时间,中国受到冲击的不仅是边疆,还有陆疆和海疆。

鸦片战争以前,清朝的版图很大。巴尔喀什湖当时是中国的边界,现在归哈萨克斯坦了。鸦片战争以后,中国遇到了世界级强国在战略上的挤压和侵略。英国这个"日不落"帝国,离中国那么远,都能过来撬开我们的大门。还有沙皇俄国的侵略,历史就是历史,虽然现在中俄关系非常好，但不要忘记这样一段历史。越是在中俄关系比较好的时期，我们越应该努力观察近代中国和世界其他国家的关系。

2014年习主席访问欧洲，德国总理默克尔的丈夫送给习主席一件礼物：德国人在1735年绘制的中国地图。1735年中国发生了什么？我查了下历史，1735年弘历继承皇位，1736年才将年号改为"乾隆"。默克尔的丈夫送给习主席这样一张地图，至少说明希望中国繁荣富强。

从清朝的地图来看，疆土比较大，少数民族还是做了很大的贡献的。对比清朝前、后期的版图，我们看到的是一部近代中国屈辱史。一系列的不平等条约，割地赔款，丢了150多万平方公里的土地。通过全民公决，把蒙古的一部分从中国的版图上割去了。英美等国占领中国的土地。近代以来，台湾被割让出去，香港、澳门被租借出去。领土通过各种各样的方式被分割、被分界、被占用。所以，近代中国的历史是一段令人很悲愤的历史，学习中国近代史是一件特别郁闷的事情。

第四，当代中国边疆的安全问题。我直入主题讲，中国和周边国家的关系是怎么样的？新中国成立以后，中苏关系处在蜜月时期，蜜月10年，争论10年，对立10年。对立10年从1969年的珍宝岛事件开始，这是世界上两个大国、两个邻居之间发生的局部冲突。新中国成立初期，中国以志愿军的方式参与了抗美援朝。新中国成立后期，中国参与了抗美援越。我们和苏联在边界问题上不断发生冲突，导致我们对东北边疆地区高度紧张，我记得那时东北普遍挖防空洞。也正是因为迫于苏联的压力，毛主席调整战略，和美国建交，形成了中、美、苏三个大国格局。

从中国的周边环境来看，存在一些问题，比如南海问题越来越复杂化，还有钓鱼岛问题、黄海问题（朝鲜半岛）。中国周边有两个世界级的热点：一个是朝鲜半岛，一个是阿富汗，一东一西。很多人说阿富汗是一个棘手问题，英国想解决没解决；苏联打进了阿富汗，最后狼狈地撤出；美国在阿富汗打了10年，最后也以撤兵结束。有一个西方学者说：中国可以独自解决阿富汗问题。我说中国没有这个胃口，独自解决不了这个问题。

美国作为世界上的头号强国，对中国形成了一种战略上的围堵。中国在崛起过程中，周边国际环境出现了新情况、新问题，南海问题、东海问题等都涉及国家安全。这些边疆、海疆的安全问题，对中国的影响都很大。

除了安全问题，我们的边疆还有稳定问题。2009年7月5日在新疆乌鲁木齐发生的事件影响非常大，不仅给新疆也给整个中国的民族团结带来了很大的危害。

我们在新闻报道中经常能看到恐怖分子蒙着面、戴着黑头套，对人质进行威胁。不要忘了，中国也有这样的恐怖分子。东伊运分子在宣布所谓的声明，分裂分子在境外有合流的趋势。还有，美国将新疆作为遏制中国崛起的一张大牌。

新疆的稳定非常重要，关系到中国的长治久安。2014年5月底，中央开了第二次新疆工作座谈会，习主席提出：新疆工作的总目标是社会稳定和长治久安，要推进新疆治理体系和治理能力现代化。基础是经济发展和民主改善，重点是促进民族团结、遏制宗教极端思想蔓延等。坚持依法治疆、团结稳疆、长期建疆，目标是建设团结和谐、繁荣富裕、文明进步、安居乐业的社会主义新疆。围绕社会稳定和长治久安来谋发展，通过发展来促进社会稳定和长治久安。这是中央对新疆治理的一个最新战略举措。

关于西藏，中央也有很多战略上的部署，如"治国必治边，治边先稳藏"。至于其他边疆地区，沿边有9个省区都有相应的规划，比如振兴东北老工业基地、西部大开发，沿边开放已经有了很多战略上的方案。从治疆来看，新一轮改革开放正在紧锣密鼓地进行。海疆方面，在安全稳定上也有一些措施，包括十八大史无前例地提出建设海洋强国。

美国航天局对世界各个区域晚上10点以后的灯光亮度情况做过扫描：美国比较亮，东亚地区日本非常亮，韩国比较亮，印度的亮度比较均匀。中国的亮度不均匀，比较亮的地区主要集中在东部沿海，西部亮度不够，说明电力不足、能源供应不好，而且经济发展相对落后。另外，还说明人们的夜生活不够丰富。这说明一个问题：中国东、西部经济发展差距比较大。改革开放以后，中央采取了很多措施，都是为了弥补历史上出现的文化差异，包括援疆、援藏。总而言之，中国边疆的发展固然重要，但边疆的安全与稳定也非常重要。

中国崛起后，边疆形态发生了很大变化，我们现在实行沿海开放、沿边开放政策，和周边国家建立命运共同体。2013年，中央史无前例地开了一个周边外交工作座谈会，提出了一系列周边外交战略思路。

从边疆形态来看，中国现在有几条输入管线，有中俄天然气管道、中哈石油管道、中哈天然气管道，香港居民用的天然气就是从这里过去的。还有缅甸的管道。所以，边疆的发展很重要。

2013年，我们提出了4个战略构想：*丝绸之路经济带*、*21世纪海上丝绸之路*、*中巴经济走廊*、*南亚4国经济走廊*。*丝绸之路经济带*，中国是起点，俄罗斯、哈萨克斯坦是桥梁，落脚点是欧洲，延长线是北非，新疆是非常重要的战略节点。中巴经济走廊的意义非常大，面对美国的战略围堵，马六甲海峡非常不安全，中国正在寻求一条新的战略通道，从巴基斯坦到新疆喀什建立一条复合型的经济走廊，包括交通、能源等通道，以缓解马六甲海峡的安全困境。4国经济走廊是破解马六甲海峡困境的另一条战略通道。

从*丝绸之路经济带*来看，要实现真正意义上的接轨，我感觉比较难。从某种意义上来说，俄罗斯是宽轨，我们是标轨。我们要去欧洲，都要通过俄罗斯，换轨会花很长的时间。但丝绸之路经济带确实具有重要的战略意义，首先是实现交通设施便利化，其次是实现贸易便利化。在"一带一路""两个走廊"的问题上，中国和美国发生了很多冲突，所以我们应该提前做好和美国迎头相撞的预案。

另外，在中国的对外开放中，新疆发挥着非常大的作用，和8个国家相接，用好这个扇面（新疆），西部经济会有很大的腾飞。

思维共振

孙宏年（中国社会科学院中国边疆史地研究中心西南边疆室主任）：

我个人觉得西藏的治理问题可以分为两个阶段。1904年之前，西方势力介入非常少，主要是中央王朝的力量或者内部力量和西藏结合，如果结合得好，西藏是比较稳定的，发展也比较快。比如清朝前期，西藏经历了很多战争，有内部的准噶尔部的侵袭和外部的尼泊尔的侵袭。清朝中央政府能和西藏地方政府很好地结合，发展就很快。当然，也有结合不好的时候，鸦片战争以后，两种力量慢慢脱节。1904年，英国人入侵西藏。之后，三种力量不断地角逐，直到1951年，才实现了两种力量的结合，把境外力量驱逐出去。遗憾的是，1951年以后，达赖喇嘛出境。离开前，他是全国人大常委会副委员长；离开后，中央还保留了几年他副委员长的职位。毛主席说可以等他回来，相信他会回来。但很遗憾，多年来，他在外面的活动越来越多，成为西方遏制中国所需要的人物，欧美一些人甚至把他当成和善的老头儿，还获得了诺贝尔和平奖。境外力量不断地支持达赖喇嘛，目的是想牵制我国对西藏的治理。2008年"3·14"事件后，西藏的两种力量结合，成功阻止了第三种力量。目前，西藏局势稳定，发展速度很快。2013年，西藏接待游客达1290万人次，相当于西藏户籍人口（300多万）的4倍。而且，西藏的交通越来越方便，社会环境非常稳定。

邢老师讲到现在中央治藏的精神，概括起来就是"治国必治边，治边先稳藏"，对西藏的政策是16个字——依法治藏、长期建藏、争取人心、夯实基础，目标是跨越式发展。大家可能更多地关心的是西藏的生活状态，到了夏季，即使是在高海拔的阿里地区，也有蔬菜大棚，不仅可以自给，还可以外销，彻底解决了千百年来西藏蔬菜供应和维生素补充的问题。

边疆的概念分为两个层面：一个是实体的边疆，陆疆、海疆、空疆；另一个是虚拟的边疆。有些概念不是现在才有的，文化边疆的概念过去就有。云南建了文庙、孔庙，是划边疆、划内地的一种措施。在西藏也能看到关帝庙，这就是信仰所在、文化所在。

昝涛（北京大学历史系副教授）：

说到边疆问题，有一个相对的概念——中心，有了中心才有边疆。这些年来，我多少在思考边疆问题，边疆对于我们自身也就是汉族人来讲，不可避免地带有一种"中原中心主义"的立场，这是我们应该反思的。尤其是现在民族主义兴起后，我国的边疆面临着很多问题。

怎么看"以中国为中心的体系"？西方有学者研究过这个问题，对中国和西部的关系提出了两个不同的解释路径。我们今天谈边疆、谈海疆，对西部怎么看是关键。我们不能以中原中心主义的视角来看西部,看东部和看西部不能是同一个视角。

中国的边疆问题有两个方面值得反思:第一,大一统的国家是秦朝,但秦朝的面积不是特别大,可见秦汉时期形成的国家是一个模式。第二,清朝的版图那么大,还有元朝,唐、元、清几个王朝的疆域面积都特别大。清其实是北方的游牧民族入主中原建立的国家。对于这个问题,国内有不同的解释。以前我们以汉化论或者以中原为中心的视角来研究清王朝的边疆统治,现在视角有所突破,从内陆亚洲的视角来看,清朝皇帝的身份是多元的,统治方式也是多元的。

边疆民族问题,我认为是现代化、近代化的一个产物,是中心和边缘相互塑造的结果。

王晓鹏(中国社会科学院海疆问题专家):

首先,我就海疆问题谈一点我的浅见。

目前,海疆问题除了基础性研究,还有应用性研究,就是研究现状。根据公认的国际法原则,确定一个国家对某一海域拥有主权和管辖权的依据有4个"最早":最早发现、最早开发经营、最早命名、最早不断地行政管辖。邢主任提到的边疆治理,就涉及海疆治理的问题。海疆治理的问题延续了几千年,相应的海疆政策,包括海疆治理的具体措施,既有延续性又有创新性。海疆问题是守土有责,如何确保我们的海洋权益得到有效的维护?

其次,我谈谈海界问题,包括两方面:一是岛屿主权的归属问题,二是海关海域的划界问题。谈到主权归属问题,我不禁想起周恩来总理在1960年视察南海舰队时说的一句话:同志们,西沙群岛的岛屿虽然很小,但每一个都是中国的领土!周恩来总理的这番话非常具有前瞻性。1982年,《联合国海洋法公约》正式签署,在这之前的20多年前,周恩来总理就体会到岛屿在海洋问题解决过程中的重要性,这涉及海洋划界的问题:以岛控海,以陆定海。

我国的海洋权利(包括东海、南海)来源于哪里?来源于对南海诸岛和对钓鱼岛及其附属岛屿的主权控制。提到海洋划界,应该树立海疆意识,避免在海疆问题的探讨过程中头痛医头脚痛医脚,就东海谈东海,就南海谈南海。对于海洋划界的原则和海洋划界的方法,应该有多样化的认识。比如黄海,中韩之间的黄海是按照大陆架自然延伸的原则来划界,还是按照古黄河淤泥线来划界?这是一个值得探讨的问题。再有是东海划界的问题,中国的观点是单一边界。中日之间包括中韩之间的边界应该在冲绳海槽,因为中国大陆的大陆架在70~200米水深范围内,延伸到冲绳海槽,陡然下降到1200米左右,出现了断裂。中国的大陆架应该属于中国大陆的自然延伸,根据《海洋法公约》的原则,海界应该在这里。日本非法提出东海中间线,将中国领土钓鱼岛及其附属岛屿作为日本领土来划设这条中间线,在很大程度上曲解了公约的原则。所以,从法理上讲,我们跟日本展开的法理斗争,一方面是争取我们的主权,另一方面是根据《海洋法公约》自然延伸的原则强调我们的管辖权。

在海洋划界问题上,我们主张与直接当事国通过谈判的方式解决争端,《海洋法公约》在其中发挥的作用要重视起来。

当代做边疆研究一定要有全球视野,对中国与周边海洋国家包括与域外大国关系的探讨显得尤为重要。黄海涉及中韩和中朝之间的海洋划界问题。东海涉及中韩和中日之间的海洋划界问题,中日之间还存在冲之鸟礁石的问题。南海涉及越南、菲律宾、文莱、马来西亚、印度尼西亚5个国家。另外是域外大国的问题,比如美国的亚太再平衡战略、日本的解禁集体自卫权、印度的东向战略等。

发展篇

我们到底要什么？
——发展中国家现代化之路反思

社会热点

20世纪50年代，"现代化"作为一种理论被提出，学术界对此概念的确切含义并无一致的看法。经典现代化理论将"现代化"定义为科学革命以来人类社会所发生的深刻变化，这种变化不仅限于工业领域或经济领域，还涵盖其他领域，比如知识增长、政治发展、社会动员、心理适应等方面。经典现代化理论向我们描述了一个工业化的世界。

那什么是社会转型？衡量现代化的基本尺度是发展，社会转型是与社会发展相联系的一个概念。热若尔·罗兰在《转型与经济学》一书中对"转型"下的定义是"大规模的制度变迁"。转型包含三方面内容：一是经济体制由计划经济向市场经济的转型，即市场化；二是由传统社会向现代社会的转型，即现代化；三是经济由封闭向开放的转型，即国际化。现代化本身还可能成为社会转型的动力或者目的。

发展中国家现代化转型过程中出现的矛盾是浓缩与循序：短短时

间内，要走完西方发达国家过去几百年所走过的路程，不可能像发达国家那样从容不迫、按部就班，必须在100年内很快地实现国家的变化和社会结构的转变。

转型发展，面对的问题是经济基础薄弱，尤其是发展中国家，经济结构单一，应变能力差，对外资依赖性强，还有人口包袱、环境压力以及民族与宗教的问题。自由主义的民主还没有实现，正如郑永年教授所说：大多数发展中国家面临的问题不仅仅是民主化的问题，更重要的是基本国家制度建设。它们需要的往往不是一个自由主义的民主政府，而是一个能够消除贫困、提供基本服务和安全的好政府。自由主义的民主需要一定的社会经济基础、相当规模的中产阶级、相对宽容的政治文化、现代的法治精神，以及受过良好教育的人民，而这些条件在一些发展中国家或转型国家并不具备。

温铁军（中国人民大学农业与农村发展学院院长）：如果中国和印度这样的国家都想追求现代化，达到西方国家的现代化水平，那么这个世界需要再增加4～5个地球。如果按照美国的方式实现现代化，需要5个地球；如果按照英国的方式，需要3.4个地球；如果按照阿根廷现在的现代化程度，需要1.7个地球；如果按照印度现在的方式，需要0.4个地球。这是一般的人类不可能在公平条件下实现现代化的一个说法。同时，大家应该注意到，全球贫富二八开似乎是贫者愈贫、富者愈富的现象，几乎找不到哪个国家（除了中国）是在认真贯彻联合国的"千年发展目标"。现在的结果是世界人口达到了70亿，人口主要分布在亚洲、非洲，集中在中国和印度这样的大国。到2020—2030年前后，如果中国和印度按照西方的模式追求现代化，那就意味着这个世界上除了20%的白种人享受现代化之外，还有40%的中国和印度的亚洲人也要享受现代化。也就是说，世界改变了二八开的格局，已经有60%的人进入了现代化，这是不太可能的。当然，这仅仅是一种说法。

再进一步看，已经实现了现代化的发达国家中，有的是高债国，这种现代化相当于赤字化、债务化，而且是不断加深的赤字化发展方式。因此，无论怎么讨论现代化，大家似乎都离不开一个算账的问题。那么，怎么计算现代化的成本？这可以说是一个制度成本。从经济学角度来研究制度成本，恐怕是比较薄弱的领域，做出的曲线往往是：收益曲线是向上的，成本曲线却很低，收益和成本之间的差距很大。这是不真实的现象，因为收益和成本是对应的。如果收益和成本不对应，就意味着研究还没有深入下去。

当发达国家基本进入以高债务来支撑现代化的阶段时，真正支撑现代化的不是债务，而是以高债务来支撑军事强权，用军事强权来完成对全球的控制。这就是所谓的"后殖民主义时期"的地缘战略，这些东西恐怕在一般的现代化问题讨论中很少涉及。全球200多个国家中，有150多个国家有美国的军事存在。也就是说，美国的军事存在分布在全球四分之三的国家，这是事实。

奥巴马、金正恩都面临着同样的难题，即"上去了，下不来"。无论信奉何种意识形态，坚持何种主义，政治上、军事上如何对立，其内在都有一定的规律，只要"上去了"，就"下不来"。

大家一般把朝鲜的问题看成政治问题，因为祖孙三代连续搞集权政治，这是一个不争的事实。我对韩国、朝鲜都做过调研，而且联合国请我到朝鲜做农业政策顾问，所以我接触比较广泛。我老讲金正恩和奥巴马都想make change（做改变），奥巴马上台的口号就是make change；而对于金正恩，大家寄希望于他能有点change（改变），但很难，难就难在"上去了，下不来"。这个困境说起来很简单，其实并不简单。当美国人把经济结构搞成了高度现代化，85%以上的GDP来源于以金融为憧憬的服务业时，如果遭遇经济危机，美国政府只能救金融，因为它的实体经济只占全部经济的一小部分。因此，救市主要是救金融领域，以过剩的流动性来维持。这违背了简单的科学道理：不能用造成麻烦的思路去解决麻烦。在这方面，中国和美国有点像，我们早就生产过剩了，但我们还在以远期生产过剩来掩盖当期生产过剩，因为我们处在产业资本阶段，而美国处在金融资本阶段。虽然阶段不同，但规律性的措施有很大的相似性，所以中国和美国有点像难兄难弟。奥巴马和金正恩也有点难兄难弟的感觉，他们都想make change。朝鲜早在20世纪80年代（当时是前线国家，出于前苏联维护地缘政治的需要）就实现了70%的人进城市，比我们早。我们预计在2020—2030年实现这个目标，70%的人进城，只有30%的人留在农村，农业高度机械化。也就是说，我们要达到的目标，朝鲜早就达到了。因为苏联解体，朝鲜这个严重依赖于苏联地缘战略物资供给的国家陷入了饥荒，政府强迫城里人回农村种地。这有点像中国在20世纪60年代遭遇的大规模经济危机。当年我们是怎么弄的？8亿农民2亿田，4个农民抬1个城里人，大包干就能解决。而现在是3个农民养活7个城里人，其实是养活10个人，除了养活自己，还得养活7个城里人，你让他靠手工劳动，难以想象。所以，"上去了，下不来"是一个简单的常识。

针对多年来有关中国现状的讨论，我提出一些对现代化概念的质疑。

首先，不论是否工业化，现代化都是人类近代史上资本和风险同步向城市集中，并且周期性爆发危机的阶段性过程。在二者之间，我们更偏重现代化的成本。其次，什么是资本？无论是国有资本还是私有资本，都是资本，不要以此划分，没有意义，不外乎都是替资本说话。我认为资本不过是人类资本主义历史阶段制造出来控制极少数人群，使其反自然的一种异化物，作用在于促使多数人以及他们赖以生存的资源等客体成为产生利润的要素。什么叫制度变迁？制度变迁是原来制度框架内的主导利益集团，为了更多地获取制度收益，甩掉制度成本推进的一种制度文化过程。凡属于能顺畅转嫁成本的，就是诱致性变迁；凡属于不能顺畅转嫁成本的，就是强制性变迁。这是我们重新解释的"变迁"的概念。

大家要形成问题意识，今天的贫富分化或者今天的联合国"新计划"不能落到实处，其根源在于发展主义的现代化成本在不断被转嫁，转嫁给弱势群体。当弱势群体不能再承受时，就转嫁给资源环境，最终资源环境又反过来惩罚人类。那就是泥沙俱下、玉石俱焚，人类要准备为此付出巨大的代价。

在现代化过程中，产业转移有不同的层次和级别。第二次世界大战后，世界上剩下两个超级大国，这两个超级大国为了实现地缘战略控制而转移产业，包括军事工业和社会制造业，不计代价。20世纪50年代，中国和印度都有工业化的装备转移。1949年新中国成立时，（现在有资料证明）华北局体系内的干部，70%以上是文盲、半文盲，这对于构建一个管理城市和管理工业化的政府体系来说是一个挑战。所以，中国从20世纪50年代开始大量引进苏联的装备工业，大约5年时间内，全盘苏化。政府有苏联专家，学校院系有苏联专家，专家们手把手地教我们建立上层建筑，所以当时整个中国的上层建筑，乃至城市经济基础中的核心工业都是苏式的。这就是战后两个超级大国"双燕阵"产业转移的客观结果。我们在做研究时，如果对这些问题没有背景认识，很难研究得深入。

对于发展中国家来说，政府会因处在资本极度稀缺的挑战下而轻资本。我在很多国际交流场合中讲过，发展中国家的政府，没有一个不是轻资本的。当年毛泽东批民粹主义，批梁漱溟的"妇人之仁"，批邓子恢和杜润生是"小脚女人"，批的都是他们过分地站在广大农民的利益角度。毛泽东自认为是代表全中国大多数人的根本利益的，所以要实现工业化。20世纪50年代初，中国接受外国资本投资，任何上层决策都具有典型的轻资本内涵，这是本质。

什么情况下不轻资本？有两种情况：一种是资本过剩，一种是没有资本。1960年，中国遭遇两个超级大国的全面封锁，没有任何资本，资本是零，想轻资本也轻不了。其实，只要追求所谓的工业化、城市化，就有原始积累，原始积累一定会导致农村的三要素（土地、劳动力、资金）大量流出。任何经济，只要三要素流出，一定会衰败，这就是农村贫困的根源。总之，要不要原始积累是决策问题。第二次世界大战后，中国不要原始积累不行，不要还会挨打，而中国被打了100多年，最后只好按照打我们的人的方式去武装自己。这就是当时所谓的"不得不"的情况。

所谓现代化，资本需要通过资本化的其他要素或其他资源才能形成集中，并产生集中后的收益。资本到底集中到哪儿？集中到城市。资本集中与风险集中同步，危机在城市中周期性爆发。因为危机爆发在城市，城市中的利益集团一定要把危机爆发的代价转移到城外。从中国以前的制度来看，主要问题是乡土社会过多地承载了危机的代价，因此出现了"三农"的贫困化。这是一个客观的过程。一个国家加快工业化和城市化，必然会导致三要素从"三农"中流出。所以，要加快农村衰败，就去加快实现现代化。过去，中国之所以能渡过多次危机，是因为农村是危机的载体。假如现在再出现危机，城市能否成为承担危机代价的载体，能否把危机转嫁出去？到头来不要搬起石头砸自己的脚，在这里需要跟大家提个醒。

最后，我谈谈农业问题。农业是一个自然过程和经济过程合一的领域，所以很难被产业化。我们在了解大农业国家时，会发现一些规律——几乎所有的大农业国家都是殖民化的结果。这里有一个简单的数据：原住民人口所占的比例。比如巴西，巴西是世界上的大农业国家，农业规模很大，农业出口，但巴西的原住民人口只占总人口的3%（不到）。美国是农业引导性国家，农业出口占比非常高，但美国的原住民人口只占总人口的2%（不到）。加拿大、澳大利亚和阿根廷都差不多，不到5%。凡是大农产国家，都不是原住民的，原住民大规模减少才有大农产。最有市场经济的欧洲，到目前为止仍然是小农场农业，因为小农场农业没有竞争力，所以出现了两个非常有意思的现象：一是高补贴，欧盟财政40%以上用于农业补贴。二是政府高保护、高壁垒，不仅是一般的贸易壁垒，还有技术壁垒、社会壁垒、文化壁垒等一系列壁垒，使它的农业得到最高限度的保护。

再有一点，农业的生产主体或经营主体早就不是农民了，欧盟国家的农场主60%以上是市民，是一种市民化的农业，因此出现了欧洲国家的城乡融合。在这些事情上，"莱茵模式"的社会资本主义更值得借鉴，不要只学"美利坚模式"的野蛮资本主义。当然，现在欧洲的社会资本主义模式正在扩展中，麻烦会很大。小农场农业有它的特点：如果一味地从市场化模式来看，它是失败的；如果从生态环境和人文作用来看，它就是成功的。

还有东亚小农，目前长期维持的是"日本模式"。中国客观上属于东亚模式，却错过机会而学"美利坚模式"。这就是我们的问题，多年来一直没有改变这个导向。现在我们讨论原住民问题，是针对欧洲中心主义思想体系下的原住民，以及拉丁美洲的原住民。其实，亚洲是世界上最大的原住民大陆，有丰富的原住民文化，所以我们更应该关注和研究这些领域。

思维共振

Ashu（美国布朗大学政治学教授）：

我主要通过对中印两国的比较，重点探讨印度的农业转型，包括改革前的历史和改革中的关键要素。

第一，中国和印度的共同点。中国和印度的转型都是采取循序渐进的方式，非苏联激进、"大爆炸"式的改革方式。印度在1991年以后的改革和中国在1980年以后的改革有一个根本的不同，即印度侧重于服务业，而中国侧重于制造业。第二，中国和印度的不同点。印度经济以本地小企业为主，很多企业后来发展成大规模企业，包括跨国公司；而中国经济依靠国有企业，以及大规模的外商投资企业。

从经济结构来看，1970年，印度的农业占整个GDP的46%，制造业占22%，服务业占32%。到了2007年、2008年时，农业占GDP的比重已经下降至15%。中印两国有一个比较大的不同：印度农业占比下降主要由服务业来替代，而中国主要靠制造业，这是一个非常大的不同点。虽然农业只占印度GDP的15%，但印度从事农业的人口超过了总人口的55%。对于印度的经济来说，比较有挑战的是如何将庞大的农业人口转移到现代化的经济部门。在1997年以前，印度的经济管制非常严，比如新成立的企业,在牌照发放和其他方面都有严格要求,包括大型的国有企业部门。1991年的改革使印度在贸易自由和经济自由方面取得了长足进步,印度政府取消了投资管制,国有企业和外国企业可以在印度进行相对自由的投资,大量的外国资本进入印度。1993年以后,外国资本可以买卖印度公司的股票,很多贸易壁垒被取消。印度虽然没有中国进步显著,但至少是在进步。

另外,印度的政治经济和其他国家相比,有几点不同:第一,印度很早就实现了普选。早在1947年印度成立时,每个公民就有投票权。那时候印度经济88%是农业,3%是制造业,这与韩国和其他东亚国家不同。第二,与西方国家不同的是:西方很多国家在民众获得普选权后,很快引入了福利社会,推出了很多福利政策;而印度没有足够的资源推广福利制度,但这种民主制度和普选已经给印度的福利社会、福利政策带来了很多政治压力。第三,与西方民主理论预测不同的是:在西方,一般是受教育程度越高、越富裕,越有可能参加投票;而印度刚好相反,越贫穷、受教育程度越低,越愿意参加投票;这导致了印度政治经济发展中的一个根本问题,即民主和市场经济两个制度之间的冲突。现在,印度在改革方面得到了中产阶级和精英的认同,但并没有得到大众的认同和参与,这导致改革遇到了非常大的阻力。现在,印度的政治经济已经趋向于一个新的平衡,即平衡市场和民主之间的压力,具体体现在以下几个方面:进一步释放市场活力;技术管制;利用高经济增长带来的税收收入创造福利社会;采用更大的扶贫项目;在基础卫生和教育方面投资更多。印度在民主方面采取的是两条腿走路的方式:一方面促进经济增长;另一方面注重大众福利和社会分配,市场本身并不能解决贫困问题。

非常重要的是,印度如果没有私营企业的活力和驱动,不可能发展得像现在这么好，成为一个有非常多的机会的国家。所有跨国公司基本上都在关注印度市场，或者想进入印度市场。印度自己培养的私营企业也成为大的跨国公司，在西方有很强的实力。

从比较的视角来看，中国虽然在世界经济中占有很大的份额，但参与世界经济的主要是国有企业，而印度是私营企业。

会诊城市浮肿病
——如何控制城市规模？

社会热点

对于城市规模，联合国有一个定义：2万人是城市的人口下限，10万人是大城市的人口下限，100万人是特大城市的人口下限。中国的标准是：20万人以下为小城市，20万～50万人为中等城市，50万～100万人为大城市，100万人以上为特大城市。人口一般在340万以上，具有强大的中心城区，城市辐射能力超过2500万人的是大都会城市。在中国，这样的城市主要有：上海、北京、广州、武汉、天津等。特大城市的特点是：一般为省会或首府，辐射能力在1000万人，人口超过250万。这样的城市有：西安、哈尔滨、南京、长春等。准特大中心城市的特点是：人口超过200万，具有一定规模的城区，城市辐射人口达到1000万。这样的城市有：大连、青岛、苏州、济南、杭州等。

城市规模到底怎么来确定？现在根本不考虑自然环境、历史原因、国家战略，而是认为将城市做得越大越好。实际上，自然条件制约着城市规模。一个地方能不能作为大城市，首先要看它的自然条件。重规模不重质量是中国城市发展的通病。对于城市发展规划来说，什么样的城市才算是好城市？大小无所谓，对于生活在城市中的老百姓来说，生活舒适才算是好城市的标准。

段成荣（中国人民大学人口研究所所长）：如何控制城市规模这个问题，对于我们国家来讲，尤其是对于北京市来讲，是过去60年来一直在探讨的问题。最近这个问题热起来了，各方都在讨论，但没有标准答案，始终是各说各的道理，各方都觉得自己有理。围绕这个问题，我想谈谈北京市的城市规模控制是否可行，如果可行，应该怎么去做。

控制人口是永恒的主题，人口指标是制订经济社会发展规划的基础。北京市历来非常关注城市人口问题，这个关注首先体现为控制人口，始终想将人口控制在尽可能少的范围。

《北京志》中有一卷叫"计划志"，记录了北京市如何始终把控制城市人口规模作为整个经济发展计划和社会发展计划的重要内容。在"一五"计划制订时，还没有提出北京市人口控制的明确指标，但是控制的思想非常明确，即控制北京市区人口的盲目增加，减少城市人口。到了"二五"计划制订时，明确提出：争取把人口控制在460万左右，最多不超过480万。"三五"计划表明：要继续控制城市人口的机械增长，争取到1970年实现迁出、迁入人口相抵消的目标。明确的数量目标是：到1970年，全市人口控制在875万。当时城市化的基本指导思想是：城市是资本主义恶性发展的肿瘤，是资本主义发展的结果，社会主义不搞城市发展。"五五"计划时提出的目标是：到1980年，全市常住人口控制在840万左右。"六五"计划制定的目标是：到1985年，将人口控制在970万之内。

从"二五"到"六五"计划，这20年的时间里，人口控制的目标从460万增加到了970万，人口规模增加了一倍。显然，我们的目标制定是有问题的。如果把城市人口目标作为重要的因素加以考量，20年后，人口从400多万增加到900多万，这显然是有问题的。

1981年4月13日，北京市委、市政府向中央报送《关于严格控制首都人口的建议》，中共中央书记处提出了北京市人口任何时候都不要超过1000万的要求。当时我觉得有点疑惑：万一超过了怎么办？事实上，1983年7月14日，中共中央、国务院《关于对〈北京城市建设总体规划方案〉的批复》指出，要坚决把北京市到2000年的人口规模控制在1000万人左右，结果短短两年时间就突破了。

在"八五"计划中提出：到1995年，全市人口规模要控制在1105万人。1993年10月6日，国务院曾做出《关于〈北京城市总体规划〉的批复》，指出"到2010年，北京市常住户籍人口控制在1250万人左右"。1993年，北京市流动人口开始增多，这1250万跟原来的指标相比有很大的退让。今天回过头来看1993年制定的目标，2010年的人口是多少呢？2009年年底公布的北京市人口是1972万，常住户籍人口是1300多万，这与当初的目标又有很大的差距。

综上所述，我们可以概括如下：从整个城市人口规模的目标设定、实际控制上看，基本上是"步步为营，节节败退"，而且是一个被动的过程。其中，最典型的问题是城市建设出现"摊大饼"的现象，导致各种城市病。整个城市不管是在住房、交通方面，还是在其他公共服务、生产设施的安排方面，都没有更为合理的设计和布局。主要原因是规划部门包括交通规划部门在城市严控人口的指导思想下，对于城市人口空间分布、流量、规模缺乏基本可靠的判断。

因此，第一个基本结论是：必须重新建立城市人口控制的理念，从科学技术、生产力的发展来合理探讨人口容量问题。虽然"十二五"规划的制订已经结束了，但以后还会不断地制订规划，不断地对城市人口控制设定门槛、指标，这个事是我们必须要做的。最初说人口最多只能到480万，现在已经远远超过480万，这其中要看科学技术的发展，看生产力的发展，应该从这些方面合理探讨人口容量问题。

从20世纪50年代到90年代中后期，人口变动主要来自户籍人口的变动：一个是自然增长，一个是带户口进北京的迁移增长。从20世纪80年代中期开始，国家放松了对人口流动的控制，特别是放松了对农村人口进城的控制。因此，从20世纪80年代中期开始，流动人口开始在全国迅速产生。到20世纪90年代中后期，包括北京市在内的各个大城市的人口控制，更多的不是由户籍人口的变动，而是由流动人口的变动决定的。

20世纪50年代、60年代、70年代甚至80年代初期，北京市和全国一样，流动人口非常少。从20世纪80年代后期开始，流动人口迅速扩张。根据官方数据，到2006年，流动人口已经达到400多万，2011年的数据是500多万。实际上，流动人口远远不止官方公布的500多万，有700万~800万的规模。单从北京市人口增长的构成来看，户籍人口的增长基本可以忽略，流动人口成了主角。20世纪80年代中期以来，北京市出台了很多法律法规调控流动人口，而且绝大部分是以流动人口总量控制作为政策执行的基本指导思想。

具体效果如何？2010年，北京市人大常委会调研组得出的调研结果是：到2009年年底，北京市流动人口已经达到了800万，总人口已经达到了1972万。而7年前制订的《北京城市总体规划（2004—

2020年）》则规定：到2020年，北京市总人口规模规划控制在1800万左右。

从人口指标上看，那样的控制目标是失效的，是没有什么效果的。从政策制定和执行的角度分析，值得我们思考的问题是：政府权威的丧失。对一个城市来讲，制定的社会政策应该在一个相当长的时期里比较稳定，才能有效果，但北京市的几十套法规平均寿命为6.85年，40%的法规寿命短于5年，最短的只有1.5年。这个问题值得我们思考。

户籍人口控制没有效果，"步步为营，节节败退"；流动人口控制"屡战屡败，屡败屡战"。为什么规划老失效？系统来讲，北京市多年来的人口调控尽管采取的措施、办法多种多样，但总体来讲处于"失序"状态，没有合理有序的结构，所以这些措施很难奏效。

这些"失序"表现在几个方面：

第一，北京市常常孤立地讨论自身的城市人口规模调控问题，而忽视了全国均衡发展和京津冀区域一体化发展的大背景，在整体和局部的关系问题上失序。

整个国家要现代化，需要城市化，农民需要进城市，不管哪个城市制定政策，这都是首先要考虑的。几十年来的发展，地区差异越来越大，不好好缩小地区差距，只想着把城市的门关起来，这门能关起来吗？显然不能。例如，长三角、珠三角有十几个城市作为一个体系，相比较而言，深圳、广州、上海的压力没有北京这么大，因为有周边兄弟城市的分解。北京高高在上，天津跟不上，石家庄、保定、承德更不用说，周边虽然也有十几个城市，但这些城市无力为北京市人口分流提供帮助。所以，京津冀一体化的发展跟长三角、珠三角相比肯定有很大的差距。

第二，城市应该是一个开放的系统，它的要素必须有进有出，进而寻求一种平衡。国外在城市人口进出平衡方面做得比较好，而我们是只进不出，这与整个发展不平衡有关。我们的各种制度、服务、政策阻碍了人们出去，这是在城市生态系统的动态平衡上失序。

第三，城市应该有合理的目标，这个目标是城市发展的基本条件。这个目标确立以后，城市发展的各个方面应该围绕这个目标进行。当讨论城市人口控制时，需要讨论人口规模调控。现在，我们的人口规模调控的目标没有用了，而城市的功能和地位却在无限扩张。现在的北京是既想做芝加哥、纽约、华盛顿、洛杉矶，又想做匹兹堡，结果自然是城市人口无限膨胀。现在的北京，城市的功能和地位违背了人口发展的合理性。其中，工业部门、商业部门、媒体等都在无限扩大和发展，出现了城市内部整体的人口目标和局部功能之间的失序。

第四，城市受益主体和责任主体之间完全分离，导致受益主体和责任主体之间关系的失序。如果说，一个城市需对人口做出某种形式、某种程度的调控，那么这种调控应该跟用人的单位、机构联系起来。这些年来的基本情况是，企业用人可以无限制地压榨剥削。在用人过程中，企业需要对劳动者做出安排，但现在企业一概不管，把他们全部推给社会、城市，甚至最终推给国家、老百姓。这使得在调控人口方面，受益主体没有任何责任，可以很高兴地去用人。

第五，现代城市管理和运营是法治体系，需要制定法律法规，更需要具体落实法律法规。北京市在制定法律法规方面很积极、很主动，20年来制定了33部法规，但真正实施起来是"重立法，轻执法"。例如，我们制定了房屋出租规定，规定所有房屋出租必须签订出租合同，但调查发现，80%的房屋出租没有签订合同。

在这一系列背景下，北京市如果还想调控人口规模（包括别的城市），应当吸取以往调控全方位失序状况的教训，将关系理顺。这里着重强调几点：

第一，要制定合理可行的调控目标，而且制定目标一定要考虑整个国家的总体发展格局，甚至要考虑全球发展格局。中国要进一步发展，尤其是北京还要建世界城市，就必须考虑国际因素。这些因素考虑到一起，在制定人口目标时，就绝不能再凭主观想象制定一个非常严格的指标，这对整体发展没有任何好处。

第二，必须坚持区域协调发展的思路。只有把各地都发展起来，才能从整体上解决大城市人口压力的问题，将城市人口体系建立起来。

第三，北京周边京津冀一体化建设，应当努力向长三角学习。如果保定、承德都能吸收一部分流动人口，那么北京的压力就会很小。如果京津冀城市能发展起来，那么相当一部分人口就会分流到别的地方。

第四，合理确定北京的功能和地位。中央对北京有明确的定位：国家首都、政治中心、教育文化中心等，现在还要做金融中心、媒体中心。

第五，积极建立"有进有出，进出平衡"的人口动态平衡机制。在这方面，要加强、改革和完善服务制度。这些年，退休者考虑到生活成本、气候等自然因素，主观上愿意到日照、北海等地方去，但各项医疗制度、报销制度使得他们没法实现这一目标。因此，医疗保险制度及退休后的各项制度，应广泛地考虑到这些因素。

第六，建立人口效应的评估体系。法国巴黎在20世纪60年代对中心城市人口规模进行了调控，其中对企业提出了明确要求，对用人的效果进行评估。我们的城市要学习人家的经验，要将人口效应的评估体系建立起来，将人口调控的落脚点从调控的客体转向受益的主体，从而提高调控的效果。

第七,加强法律法规的实施力度。

总之,在城市发展规划中,不仅要考虑自然环境、历史原因、国家战略,还要考虑人口控制等诸多因素。

思维共振

袁崇法(国家发改委城市和小城镇改革发展中心副主任):

中国城市化和现代城市管理面临的矛盾越来越突出,管理的难度越来越大,背后到底有什么机制,有什么必然因素?

首先,要了解现代城市是什么。我认为,现代生产方式决定了产业集聚地。也就是说,现代生产方式和产业的集聚地在城市,而不是在农村。农耕社会的生产基地在农村,城市是政治中心,而现代城市的主体功能是生产,不是分配、消费,现在的生产方式都在城市里集聚、创新。

其次,现代的生活方式是把城市作为主体,且是唯一的主体。纵观世界各国,为什么城镇化率在不断地提高?其背后是现代生活方式的逐步实现。在农村,不可能完全实现现代化的生活方式,因此人往城市集聚是必然的。

生产方式大规模的转型变化,带来了大规模的人口进城,我们面临的城市管理问题有两类:一类是现代化城市怎样管理,以适应生产发展的需要;另一类是城镇化过程。就北京的做法来看,不得了。因为北京会影响到所有城市，会变成所有城市都在控制人口规模，如果都在控制城市化，那中国的城市化进程等于被人为地扼杀。我非常赞成段成荣教授提出的观点，调控应该有进有出，而且需跟城市的功能定位结合起来。不能以控制北京城市人口为借口，来阻挡中国的城镇化，这是一个大前提。

北京人口规模集聚过大，造成一系列资源配置紧缺，这不是市场决定的，完全是政府行政手段调控决定的。一个城市的发展受自然资源约束是肯定的，其中有能源问题，有水的问题，还有土地面积的问题，全世界的城市都是在有合适条件的地点建城。澳大利亚的国土面积是700多万平方公里，比中国少不了多少，但它的城市主要集中在东南沿海，中部是没有的，因为沙漠化严重，西部尽管有矿山，但也没有多少人。唯独中国的城市可以遍地开花。中国城市发展的成本和资源条件结合不到一起，资源约束形不成对城市发展的约束，因为行政权力干预足够大。城市没有水可以调水，例如北京明显缺水。不光是北京缺水，全国近700个县级以上的城市中，大概有三分之一缺水。北京搞南水北调，现在又向陕西、河北借水，那两个地区本来就缺水，整个华北地区都缺水。如果按市场来定价收水费，很多企业就会待不下去，会离开北京。但是，在行政保护下，北京的所有资源短缺信息被掩盖了，没有显示出来。所以，表面看来，北京有绝对的发展优势。

北京资源短缺，谁将其当回事？谁又会去考虑这些因素？我们看到的都是无边的权力。比如说，河北饮水、陕西借水，一路上关闭了多少企业，影响了多少土地都不算什么，只要城市的GDP上去，其他都不算什么。城市规模越大，效益也就越好。所以说，城市越大，权力越大；权力越大，越不按市场机制来。反过来讲，权力有多大，人口规模就有多大。

赵秀池（首都经贸大学土地资源与房地产管理系主任）：

我们都知道，现在的人口指标已经提前达到了2020年的目标（2020年，人口控制在1800万），2009年年底统计的数据是1972万。为什么规模越来越大？我自己的体会是因为城市化。北京已经到了城市化的后期，现在全国的城市化率是46.6%，离70%有一定差距，所以有一个加速城市化过程。在这个加速过程中，大量的农民工要进城。当然，免不了有的人要进北京，因为北京集中了很多优质资源，尤其是中心城，集中了93.1%的高校、70%的示范高中、80%的重点中学，这仅是教育方面。所以，在内地上大学肯定首选北京。另外，还有医院，北京有92%的医院是三级甲等医院，且都集中在中心城。文化设施、体育设施也都集中在中心城。出现这些问题，主要是因为人口分布不均衡。我个人认为2004—2020年的规划做得很好，这个规划中提出了很多方案，但没有执行，人口还是集中在中心城。对于这个问题，我们提出了很多办法，比如政府引导。人口与功能过度集中，实际上是政府部门的问题。政府出了问题，还得政府去引导、去解决。通过政府的引导，慢慢地将市场机制建立起来。再有是将教育和医疗分解出去，完善中心城和新城的对接。

最后，我提几点建议：一是高标准建设新城，均衡配置公共资源，疏解中心城人口；二是加大中心城向外的推力，引导人口向新城转移；三是增强新城的吸引力，政府要主导配置公共资源，建设轨道交通，降低新城的出行成本。

户籍制度改革与城市公共服务平等化

社会热点

所谓户籍制度,是国家依法收集、确认、登记公民出生、死亡、亲属关系、法定地址等公民人口基本信息的法律制度,以保障公民在就业、教育、社会福利等方面的权益,是以个人为本位的人口管理方式。

中国传统社会曾出现过特权户种、民籍户种和贱籍户种,其户籍地位逐级降低,界限分明。

1954年,中国颁布第一部宪法,其中规定公民有"居住和迁徙的自由"。1955年,国务院发布《关于建立经常户口登记制度的指示》,规定全国城市、集镇、乡村都要建立户口登记制度,开始统一全国城乡的户口登记工作。1958年,以《户口登记条例》为标志,中国政府开始对人口自由流动实行严格限制和政府管制。事实上,这废弃了1954年的宪法关于迁徙自由的规定。1975年,宪法正式取消有关迁徙自由的规定,此后一直没有恢复。1985年9月,居民身份证制度宣布实施。

总体而言,新中国成立以后,户籍管理分为三个阶段:第一阶段是1958年以前——自由迁徙期；第二阶段是1958—1978年——严格控制期；第三阶段是1978年以后——半开放期。

目前的户籍制度改革，表面上是取消户籍歧视，实际上户籍歧视依然存在。实质上的户籍歧视是指因户籍不同而产生的各种待遇差别，这种歧视的取消显然有待时日。光改户籍意义不大，应与经济社会配套政策衔接。

冯奎（国家发改委城市和小城镇改革发展中心研究员）：2012年，国务院印发了《国家基本公共服务体系"十二五"规划》。在这个大背景下，关于户籍制度改革，可能会掀起新的讨论高潮，并且会有新的思路、新的突破。因此，把户籍制度放在基本公共服务"十二五"规划的背景下，我觉得是有意义的。

围绕户籍制度改革，围绕基本公共服务体系，我谈几方面的认识。

第一，对于一个现代国家来说，它的户籍制度应该和基本公共服务脱离，两者应该是相互独立的。因为现代国家不仅要承担政治上、经济上的职能，还要为其居民提供最基本的公共服务，这是底线。比如你到美国，问美国的市长：中国讲以经济建设为中心，请问您对这个问题怎么理解？他会说：经济建设对一个城市来说是很重要，但这只是一个手段，目的是获得财政、税收方面的好条件，满足辖区内市民的公共服务需要。

在这里需要注意一点，现代发达国家以立法形式确保这个国家的公民享受基本公共服务不受任何条件的限制。1935年，美国通过了《社会保障法》，这部法律标志着美国基本公共服务体系的建立。英国也是20世纪三四十年代建立起基本公共服务体系的，其他很多国家在20世纪六七十年代建立了基本公共服务体系。如果以立法作为标志的话，《国家基本公共服务体系"十二五"规划》具有里程碑意义，虽然姗姗来迟，但终归出台。在这样的大背景下讨论户籍制度改革，一定会有新的动力与激情，可能会找到一些新的思路。这是我想讲的第一点。

第二，从长远来说，我们的户籍制度的总体趋势是由紧到松的。理解这样的总体趋势，也许对我们判断下一步的发展有帮助。

新中国成立后，我国公布了《城市户口管理暂行条例》（1951年），这个《暂行条例》在当时来说是推崇迁徙自由的，至少不限制。强调户口登记的作用是登记人口，明确户主关系。如果变更户口，还需要进一步的确认。如果有人到你家住3天以上，还需要报告。这个条例基本上是把城市户籍管理建立在统一的制度上，这也是新中国成立以来有标杆意义的条例。

当户籍管理进入第二阶段时，我们发现户籍制度跟一定的公共服务挂钩。1951年颁布了社会保障制度，1952年有了劳动就业制度，1953年有了粮油供应制度，1958年公布了《中华人民共和国户口登记条例》。此条例将户籍分成了城、乡两种，即农业和非农业两种户籍，对人口的自由流动形成了相对的限制。而且，从这时候开始，很多地方的基本公共服务跟户籍挂钩起来，这就是所谓的挂钩形成阶段（到1958年）。

1958—1978年是一个强化阶段，在长达20年的时间里，先后出台了一系列户籍管理制度。这些管理规定严格限制农业人口转为城市人口。从城镇化率来说，到1978年，80%的人口住在农村，20%的人口住在城市。这20%的城里人，生老病死享有一系列权利、福利，而80%的农村人不享有。如果说得深刻一点，一个国家的国民被人为地分成了三六九等。

1978年改革开放以来，有几次都掀起了关于户籍制度改革讨论的高潮，大家一致强调要让户籍和公共福利等脱钩。一是20世纪80年代中期，全国很多地方掀起了小城镇高潮，鼓励农民到小城镇去变成镇民，变成镇民后会享受到公共服务。所以，20世纪80年代中期是一个鼓励小城镇建设的高潮期。二是1998年和2008年前后，我们遇到了亚洲金融危机和全球金融危机。在金融危机中，大家考虑劳动力要流动，如果不让他在城镇里安居乐业、享受公共服务，他就要回去了。回去以后，城里没有人，经济会遭受损失。所以，这时候大家强调劳动力流动。在很多具体的公共服务方面也出现了松动的现象，但这种松动仅是出于发展经济的需要，是为了应对当时的困难，没有上升到公民基本权利的需要。也就是说，当我们遇到问题时，所有的政协委员、专家就开始呼吁建议：我们要给他们（农民工）公共服务，让他们留下来，这样经济才不会滑坡。这种认识从某种意义上来说是很自私的，是站在经济发展的角度来思考的。因此，从长时间来看，我们国家出台的《国家基本公共服务体系"十二五"规划》是非常有意义的，对此我是有期望的。

第三，一个国家如果没有基本公共服务体系，户籍制度改革总是半拉子工程，不可能彻底的。到目前为止，我们国家没有形成统一的、覆盖全国的、有基本标准的公共服务体系。虽然我们有公共服务，但城市和乡村是不一样的，区域之间也是不一样的，而且有很强的随意性。我们的公共服务和户籍是紧密挂钩的，这是中国特色。如果我们不从基本公共服务上入手，户籍制度改革就可能难以深入或者改不下去。我们来回顾一下到目前为止的几种模式。

第一种模式是简单地把户籍取消。2003年前后，郑州宣布取消户籍，统一改为"郑州居民户口"，不分城市人口、农村人口、大城市人口。结果，大家都去郑州上学、看病，导致城市拥堵。最后，这件事以失败告终。这是只重形式不重内容的做法，不注意分析背后的原因，我们把它叫作"郑州模式"。

第二种模式在发达地方普遍采用过，比如上海、广州都采用过。以上海为例，可能会让你进入上海，但只能让你享受部分的户籍待遇，实际上是采取了差别化居民户口登记制度。今天的上海有各种各样的户籍制度，比如有40万的"人才户籍"，有几万的"就业户籍"，还有700多万的"流动户籍"。不同的类别享有不同的待遇，有的享受得多一点，有的享受得少一点。比如，上海市的市民可以享受80项户籍待遇，在上海生活的其他人员有的可以享受30项，有的可以享受10项，有的可能享受不到。总之，不同的类别享受不同的待遇。

第三种模式比较有意义，但也有局限。成都、重庆在一个市范围内取消城乡或者区域的限制，统一户籍制度。成都市宣布到2012年年底建立起的制度的特征是：你在居住地进行登记，登记后可以自由流动，以身份证信息作为管理的基本依托，在全市范围内享受的公共服务大致相同。成都市在城乡制度改革方面做得比较早（从2003年开始做），因此在这方面比较有经验。

当然，其他城市也有很多模式，这些模式既有进步性，也有危害性与不足，不足的是只注重形式，不注重形式背后的东西。实际上，一个市民或者一个外地人在这个城市生活，要的不是一个简单的登记，而是登记背后的一系列权利和福利。上海和四川的举措，实际上是把这个国家分割成不同的部分，从某种意义上来说是取得了进步，但也延缓了整个户籍制度改革的大进程。所以，小范围来看是进步，全局来看还是有不足。这种不足的户籍制度，在地方上被大肆宣扬"没问题"，而中央在这方面没有具体措施，当地方大力推动时，中央就默许、支持，中央没有很好地发挥作用。所以，如果我们不从别的方面寻找思路突破，就很难有质的飞跃。

户籍制度改革，我想应该从基本公共服务制度的建立入手，按照哲学上讲的"不破不立"的原则，把基本服务建立起来，让中华人民共和国的居民享有这方面的权利。到那个阶段，我想户籍制度就会回归到原本的意义上。试想我们回到1954年或者1951年，烦琐的功能退化成简单的登记，国家以"户"为单位，对人口信息加以确认，不仅方便管理，更重要的是方便居民得到更好的服务。所以，建立好基本公共服务，有可能会使户籍制度改革在自然演进的过程中取得历史性的变化。

下面我谈谈户籍制度改革对城镇化的影响。

第一，对提高城镇化质量有很大作用。什么是"城镇化质量"？我们现在的城镇化率是51%（2011年年底），实际上，在被统计为城镇人口的6.9亿人里，有1.6亿农民工并不完全享受城镇的公共服务。所以，城镇化质量并不高。如果我们进一步建立或者努力去建立全民享有的公共服务，对他们来说就是福音。所以，要提高城镇化质量，让1.6亿农民工在他们所在的城市里享受到权利和福利，这一点对他们来说是非常重要的。

第二，对于下一步的城镇化是有意义的。比如，贵州现有4000多万人口，2700多万是农村人口，城镇化率在全国排倒数第二，只有36%；贵州的贫困人口比例也非常高，占整个国家贫困人口的16%（2012年）。推进贵州城镇化很大的问题是：这些人下山进到城市里，公共服务谁给？没有公共服务，怎么推进城镇化？我想，公共服务对于推进落后地区、西部地区以及一些城镇化率比较低的地区的城镇化有很大的作用。那这些钱谁给？这个问题下一步会讨论到，至少在"十二五"期间要努力建立基本公共服务体系，这是有意义的。

第三，优化城镇发展的空间。现在大家都愿意待在北京，很多人来北京是因为这里的公共服务好，补贴比较多，社会福利比较好。把这些东西均等化，尤其是把基本公共服务均等化，让中等城市都有这样的基本公共服务，对于人口的优化是非常重要的。人口优化并非小事，对于中国未来的发展意义非常巨大。我们的很多大城市处在崩溃的边缘，优化城镇人口是有好处的。

第四，人才流动促进经济效益的提升。人才如何才能流动？基本公共服务保证到位，这样，中国庞大的劳动力大军仍然可以推动经济的长期发展，这是我们在发展方面的一个重要条件。

虽然基本公共服务是一个看起来非常好的东西，但落实起来确实非常难。我们现在的"十二五"规划，从规划到落实，中间牵涉到很多利益分割，牵涉到很多框架体系的建立。这些东西只能自己摸索，难以在美国和其他国家找到经验，因为人类历史上规模最大的城镇化发生在中国。

几千万的人口，从一个省流到另一个省，基本公共服务怎么提供？这需要很多的制度框架，需要多方面的探讨。总之，无论如何，当确立了总思路和框架之后，通过技术上的指导，有些问题我觉得是可以得到解决的。

思维共振

景军（清华大学社会学系教授）：

我谈几点：

其一，国家看事情和老百姓看事情不一样，和学者、当事人看事情又不一样，国家看事情是从制度化角度去看的。所以，设计公共服务强调的是公民权利问题,跟经济发展不应该有任何挂钩。这适应了社会学的理论,即社会等级中的社会排斥。社会排斥是怎么导致的?社会里的资源总是有限的,总有一些有权力、有智慧、有本事的人能够垄断这个权力,拒绝其他人分配资源。

其二,微利结局。你想的是为人们做好事,但很多政策所导致的结果完全出人意料。所以,我们国家在设计公共政策时经常有一个问题:不考虑微利的结局。

其三,政策制定者的愿望是美好的,但往往会陷入马克斯·韦伯所说的"铁笼"。我们的科层制度越来越完善,很多办法、规定、程序都做好了,但结果是彻底的制度化服务。

其四,相对剥夺论。平等是可测量的,是客观的;公平是主观的,是一种判断。户籍制度"情况不明",也就是说,北京有关户籍制度的所有问题,如果放在小城市、中等城市,可能就不是什么问题了。

其五,中国的制度性改革可能要做很多事情,但只要一件事做好了,就是"破窗理论"效应。当年改革,从计划经济改成市场经济,就相当于今天的政治体制改革一样,我们无法想象当时的中国社会还能够搞自由贸易。所以,在户籍制度改革中,国家发改委不会做一揽子的东西,而是要做"破窗"的东西。

车轮上的中国
——资源、环境危机与汽车新政

社会热点

2010年年底,北京市出台了一系列治堵政策,引发很多争议。有媒体报道,生活在北京的人,因为堵车,每月需多花375元的燃油成本。堵车不仅增加了市民个人的交通成本,还给城市环境、能源等带来了额外的高成本。

有资料表明:2009年,我国已成为世界第一大汽车产销国,实现了从"汽车大国"向"汽车强国"的转变。2010年前八个月,我国共生产汽车1091.45万辆,同比增长35.45%,销售汽车945.69万辆,同比增长31.53%,成为全球汽车行业的焦点。

2010年,我国的汽车保有量是8500万辆,日本的保有量是7500万辆,美国大约是2.5亿辆。2009年,我国销售1360万辆汽车,美国销售1034万辆。也就是说,我们的汽车卖得比美国还火。如此发展,到2020年,我国的汽车保有量将达到2亿辆。一辆车年均耗油2.1吨,也就是说,我国30%的进口原油将被汽车消耗,未来可能将升至50%。

车轮社会，问题一堆：

第一，能源消耗。2009年，我国的能源消耗达全球总能耗的22%。2009年，我国的汽车保有量为6200万辆，消耗车用汽油6260万吨、车用柴油7220万吨，总消耗成品油13480万吨。按照每年新增机动车2000多万辆来算，消耗相当于新建一个2000万吨级炼油厂，而建一个2000万吨级炼油厂，需要投资200多亿元，建设周期为4~5年。

第二，排污。2009年，我国机动车排污5143.3万吨。2010年，据环保部科技标准司副司长刘志全介绍：全国约五分之一的城市大气污染严重，113个重点城市中，三分之一以上空气质量达不到国家二级标准，机动车排放已成为大中城市大气污染的主要来源。

第三，环境污染导致肺癌增加。2010年，在天津市肺癌学术年会上，天津市肺癌诊治中心主任王长利教授表示：除吸烟外，环境污染是导致肺癌的重要因素。有资料显示：目前，肺癌已成为北京市发病率上升最快的癌症，每四名癌症患者中就有一名是肺癌，并且发病呈年轻化趋势。

由于汽车的增加，大量修路、修停车场，导致12.06万平方公里的土地丧失农业功能。官方数据显示：1998年，我国公路总里程达128万公里，2009年达386.08万公里。由此可见，高速公路在发展，农用土地在丧失。由于汽车工业的高速发展，汽车报废也对环境造成大量的污染，如有害气体排放、水污染、土壤污染等一系列问题，我们需高度重视。

罗磊（中国汽车流通协会副秘书长）：针对北京治堵后的市场变化，我想跟大家一起来探讨中国的汽车产业存在的问题与对策。

2010年，受国家三大汽车消费政策的拉动，加上国内消费者的内需动力，中国的汽车销售延续了2009年的"井喷"状态，创下了全球汽车销量第一的世界纪录。截至2010年，中国的汽车销量超过1800万辆。

2010年，前11个月的汽车销量是1639万辆，同比增长34%。2010年12月份，无论是北京还是全国各地，汽车销量都有非常高的增长。据了解，很多地方中端车全线脱销，北京12月23日这一天卖了10万辆车。据一位汽车店的老板说，这一天他卖出了700多辆宝马。如此下去，2011年的销量可能是1900万辆，也可能是2000万辆。

从进口汽车市场来看，2010年前10个月的统计数据同比增长了1.1倍，预计全年会达到65万辆的上牌量，全年进口汽车的上牌量同比增长会超过80%。二手车市场跟其他市场有区别，这两年保持温和增长，不像新车市场那样狂长。我认为，温和增长是一种健康的状态。

汽车消费增长过快，社会矛盾也日益突出。除了与环境的突出矛盾之外，与交通、能源也会产生矛盾。如此发展下去，很快就会引发能源危机，对能源进口的依赖程度会越来越高。汽车过快增长，其实是在提前透支以后的汽车消费。另外，中国人对汽车需求的兴趣非常大，用圈内的行话来说：中国老百姓拿着全球较低的工资，买着全球较贵的汽车。

汽车社会带来的社会矛盾日益突显，但中国的硬件、软件都不是很配套、很完善。在国外，人们很讲交通秩序，在高速公路上，很少能看到汽车随意变换车道；中国则不同。所以，中国人的交通意识远远没有跟上汽车社会发展的步伐。

从公共信息数据来看：2009年，中国的汽车报废量达6000多万辆，占全球的3%，而交通死亡人数占全球的16%。这是一个很可怕的数据，说明我们的交通意识、安全意识远远没有跟上汽车发展的需求。中国每年的交通事故死亡人数在10万人左右，近年来有所下降，但下降的幅度不是很明显。2009年，中国的报废汽车为6288万辆，跟日本差不多，但日本的公路交通事故死亡人数是4914人，跟我们相比，差了十几倍。

我想谈几个问题：第一，近年来，北京实行限牌政策，这对整个北京市乃至全国的汽车行业有没有什么影响？2011年，北京市确定新增24万个牌照，这是否意味着北京能卖24万辆新车？

我认为，24万个牌照不等于24万辆新车销售。我做过分析：其一，24万是新增名额，绝大部分应该被新车占用，我相信大部分人会利用比较难得的机会去购买新车。其二，根据我的测算，2011年的更新需求大概是20万～30万辆。有机构曾做过统计：2009年，北京市二手车的交易量是45万辆。2010年，北京市二手车的交易量大概是50万辆，扣除重复过户的比例，实际交易量应该在30万～35万辆之间。实行新的限牌政策后，可能会对二手车的购买需求产生抑制作用，但20万～30万辆的置换需求还是会有的。其三，外地人进京购车也占有相当大的比例。其四，商用车不受牌照限制。

从上述四点来说，24万个牌照不等于24万辆车的销售，2011年的新车销售量可能会达到50万辆左右。

第二，北京会不会出现大量经销商退出的现象？北京的4S店有420～450家，如果2011年的销售量是50万辆，也就是平均每家4S店的销售量在1000辆左右，这个量完全可以支撑4S店的正常运营。这1000辆也就相当于2008年的水平。纵观北京汽车销售量历史：2005年新车销售是35万辆；2006年是39.2万辆；2007年是43.54万辆；2008年是

49.28万辆；2009年与2010年情况特殊，市场出现井喷。因此，从某种意义上来讲，北京暂时不会出现经销商大量退出的现象。

第三，自主品牌会不会从北京市场上消失？2010年前11个月，北京市场上各类车型的销售情况是：A级以下的车，销售比例占总体的68.91%，B级和C级车共销售了18万辆。其中，自主品牌的市场份额为20%，跟全国的45%相比，略低一些。自主品牌的大排量车，或者B级和C级车加在一起，份额不超过10%。我们做过市场分析：2010年前11个月，全国1.6L以下排量乘用车的销量占总销量的68.55%，自主品牌的销量占总销量的45%。可以肯定，购买1.6L以下排量乘用车和自主品牌汽车的消费者，绝大多数为新购车的群体。因此，对于24万个牌照来说，绝大多数为新购车一族所用。他们中有的是刚走上工作岗位不久、积蓄并不多的年轻人，有的是"小康"家庭。这部分人选择二手车的可能性不大，他们会毫不犹豫地选择一手新车。

自主品牌为什么会受到大众欢迎？我认为，主要是因为自主品牌有它的优势：一是价格低廉，个头较大；二是配置高档。所以，新购群体会选择这些汽车。但是，对于换购群体来说，买自主品牌的可能性就不是很大。因为换购群体已经有车了，而且换购时也具备一定的财力，所以这部分人一般会买中高端的车，买自主品牌的可能性相对来说不会很大。

如果与2010年相比，即按照20%的新购群体购买自主品牌的话，2011年北京还有5万辆左右的自主品牌的需求。相比2010年，销售量可能会有60%以上的下降。

第四，其他城市是否会照搬北京模式？我认为不会。2011年前10个月，我国限额以上企业汽车销售额为13096亿元，占限额以上企业商品零售总额的28%。北京是首都，外交活动比较频繁，政治活动影响也比较大，其他城市基本不存在类似问题。所以，治堵与扩大内需、拉动GDP增长之间如何协调非常重要。其他城市需借鉴北京的经验，但不要盲目照搬。

第五，北京的经销商是否有机会？我认为，2011年的新车销售肯定不会像前两年那么火，这对于经销商来说也是一次大考验。如何能在市场总量缩减的条件下继续发展？这是全国的汽车经销商都需要思考的问题。经得住考验会为日后的发展培育出健康的肌体，当然，考验越大，困难也越大。对于刚刚开业或者准备开业的经销商来说，没有经营资源，没有客户积累，困难会比较多一些。另外，还有一个困难比较大的群体是单店模式或者叫单一区域的经销商。二级经销商也可能会遇到困难。

第六，经销商如何转型？要想实现战略转型，必须由资源型企业转向服务型企业。有关经销商老总在谈转型时说，只要和厂家把关系搞好，有足够的资源，就可以赚钱。我认为，单靠搞好关系，用卖车来提高企业效益，并非长久之计，在搞好客户关系的同时，还必须提高服务质量。怎样才是真正的转型？一是服务链向下延伸，开拓新业务，如二手车置换、汽车租赁、汽车金融、汽车装具、维修服务等。二是深度挖掘客户资源，把主要精力从卖车转移到服务上来，真正做到提高服务质量，把已有的客户维护好，在为客户提供优质服务的同时取得商业利润。

第七，北京的老百姓是否会从政策中受益？这是肯定的，随着政策逐渐深入，北京的交通状况会得到极大的改善。就北京的治堵方案来说，并不是光"限"，还有"建"与"管"。在"建"与"管"的同时，北京的功能会更趋于完善和合理。另外，城市公交体系会出现快速发展，市民出行将会更便利。汽车经销商之间的竞争，使汽车零售价格保持在较低的水平，降价是最有利的武器。同时，经销商为争夺客户资源，还需在服务上比拼，这样才能使客户真正享受到比以往更好的服务。通过限牌政策，北京市民在汽车消费方式上很快会与国际接轨。

第八，北京的二手车市场会经历一次严峻的考验。2010年12月23日之前，北京的二手车市场确实很火。2003年，仅奥拓就卖了2.2万辆，低价位的二手车成了抢手货。根据北京汽车市场的统计，2010年前11个月，北京市场总共交易了30万辆二手车，其中转出3万辆，27万辆本地消化。现在，二手车商忙于京外建二手车销售渠道。二手车政策有盲区：受牌照限制，不能过户。这是一个问题。2011年的二手车的价格一定会大幅下降，部分二手车经销商可能会因为没有及时制定应对策略而被迫转型。

对于健全二手车市场秩序，我提几点建议：

第一，给北京的汽车经销商二手车经营权。

第二，给具备一定规模的经销商汽车租赁权，并配比不在限购范围内的指标。

第三，北京要按照国务院2009年5号文件精神，试行二手车临时产权登记制度，解决经销商收车问题。

第四，汽车生产企业对北京的经销商置换，应给予一定程度的支持，包括解决其二手车销售渠道问题。

第五，汽车信息咨询企业、网站应建立全国二手车信息平台，开发二手车电子商务。

如果上述问题得不到解决，前面所述的约30万辆的置换需求，将会因为二手车流通的"死结"而无法实现。

> 思维共振

赵英（国家经济发展与经济风险研究中心副主任）：

公共治理首先要明确两个前提：一是汽车产业的发展究竟是使中国富强，还是使中国更加软弱，回到恶劣不堪的社会？二是产业的转移是表示中国强大，还是中国被动接受垃圾产业的转移？我觉得：产业转移表示中国强大了。因为汽车产业在发达国家是支柱产业，奥巴马不惜花几百亿美元解救通用公司，不轻易转移。之所以往中国转移，一是因为有市场，二是因为中国的产业量、技术足以支持产业的转移。

另外，汽车使中国进入了现代化，也使每个人的福利最大化。改革开放以来，政府效率提高，人民生活水平提高，其中有两点是可以肯定的：一是汽车，二是手机。汽车工业虽然从诞生以来就伴随着污染，但会在发展中不断规范，不断完善。为了公众利益，汽车产业必须在某些地方做出改变甚至牺牲，这样才能与其他产业共存，并长期发展下去。

对于汽车污染，我认为，在发展中是能够解决的。它不仅与公共政策有关，还与产业政策有关。在产业政策中，大力发展新能源汽车，汽车污染排放将会大大降低。

王灿发（中国政法大学环境资源法研究所所长、教授）：

我想谈几点：

第一，为什么我国对汽车有需求？因为火车运输不发达，卡车货运却很方便，所以对汽车的需求比较大。假设我们的火车运输发达，火车网大量形成，那么对汽车的需求就会相应减少，道路也就不会那么拥堵。还有，城市规划设计得不合理，也会导致交通拥堵。比如天通苑和回龙观两大社区，在城市规划设计上就很失败。因为周边没有大的单位解决就业问题，一到上班时段，交通就非常拥堵，以致主要干线承载不了，公共交通不便。很多人就去买车，开车又致道路拥堵。如此循环，如果不改变公共交通环境，修再多、再宽的路，也不会改变交通拥堵现象。

第二，对汽车的需求既拉动了经济，又污染了环境。汽车排放的尾气比烟筒里排放的废气对人体的危害更大，烟筒的黑烟大部分是PM10（可吸入颗粒物），不会对人体健康造成太大损害，而汽车排放出来的颗粒物大部分是PM2.5（细颗粒物）。全国出现的雾霾天气，大多是因为汽车排放的尾气造成的。

第三，我国的空气质量标准不同于世界标准。可吸入颗粒物100微克/立方米就算达标，纽约是50微克/立方米，世界卫生组织是20微克/立方米。也就是说，我们呼吸的空气也是达标的，只不过我们的"标"跟人家的"标"不一样。

第四，如何治理北京的交通拥堵？把北京的行政区搬出二环，市内的楼可以卖钱，在别的地方建办公大楼。从城市规划和人口布局来讲，应该是这样的。

第五，发展新能源汽车，这样才能赶上人家。

第六，改变生活观念，倡导慢城生活。让每一个人都慢下来，有穿有住就行了，不要追求更多的存款，也不一定非得有汽车。这样，对资源的消耗会大幅下降，对汽车的需求也会大量减少。当然，污染也会减少。所以，倡导慢城生活，让大家都来做慢城运动。

何雪峰（《南方都市报》评论部主任）：

第一，中国城市化的发展从某种意义上来说走的是美国的路，人人拥有车，人人出行自驾车。如果把中美两国进行对比，无论是从资源还是从人口上来说，差别都是很大的。从面积上来看，中国可用国土面积是300多万平方公里，其余是高原、荒漠；而美国可用国土面积是中国的两倍以上。人口上，美国是3亿人口，中国是13亿人口。环境和资源是美国的优势，但美国也面临着能耗过高的问题。

第二，全世界的大城市解决交通问题，大多是依靠发展公共交通。中国改革开放以来，城市化迅速，但公共交通发展严重滞后，尤其是大城市。拿香港和北京相比，香港不堵车，因为香港严格限制私车发展，大力发展公共交通。香港的公共交通发达到坐巴士基本上每人有座，小路的地方由小巴衔接，非常方便。在香港，私车停车费用很高，普通人一般不会买车。所以，大城市解决交通拥堵问题，可以参照香港的模式。

第三，公车问题。北京有三分之二的车是中央各部委的公车，公车改革的唯一方向就是废除公车，或者公车货币化。

总之，中国如果仍然大规模地使用传统汽车，一定会发展成耗油大国，长期下去，对中国的战略发展极其不利。所以，从战略上，我们要尽快大规模地转型；从政策上，我们要制订长远规划，把汽车工业的发展与环境、资源紧密联系起来，协调好它们之间的关系。

土地流转、确权与农地改革

社会热点

中国的土地问题历来是比较复杂的，涉及每个人的根本利益。如何放开农村土地，放开后城市的房价会是什么样？

回顾中国土地走过的历史：1950年，土地集体化，颁布了《中华人民共和国土地改革法》，规定"废除地主阶级封建剥削的土地所有制，实行农民的土地所有制"。1955年，七届六中全会通过《关于农业合作化问题的决议》，提出分批分期地由初级社转变为高级社。1958年，大力发展以乡为单位、政社合一的农村人民公社，实行单一的公社所有制。1962年，采取"三级所有，队为基础"的所有制模式，农村形成了以土地所有权和经营权高度集中统一、集体土地无偿使用为主要特征的农地产权制度。1978年，实行家庭联产承包责任制，两权分离——农户拥有土地承包经营权，集体拥有土地所有权。

中国土地制度的现状是：《土地管理法》中规定，村农民集体所有的土地可以由村民委员会经营、管理；而《村民委员会组织法》中规定，村民委员会对集体土地只有管理权，没有经营权。对于这个问题，我国土地管理法律的相关规定存在矛盾。问题在于：集体是谁？是集体经济组织内的所有成员，即所有农户？是集体经济组织，还是领导干部？

《土地管理法》第十四条规定："农民集体所有的土地由本集体经济组织的成员承包经营，从事种植业、林业、畜牧业、渔业生产。土地承包经营期限为三十年。"

《农村土地承包法》第二章第五节规定："通过家庭承包取得的土地承包经营权可以依法采取转包、出租、互换、转让或者其他方式流转。"

《土地管理法》和《农村土地承包法》均规定：严格限制农用地转为建设用地，控制建设用地总量。

我国《宪法》规定：国家为了公共利益的需要，可以进行征地。《土地管理法》规定："国家为了公共利益的需要，可以依法对土地实行征收或者征用并给予补偿。"

征地制度要求：所有非农建设必须使用国有土地，集体所有制的土地必须经由国家征收变成国家所有后，才能进入非农建设领域。

农地流转如何才能推而不乱？流转最麻烦的地方在于人地分离，因此农地确权应格外慎重，弄不好就会惹出大麻烦。所以，应该发展新型农村经营主体，比如农村专业户、家庭农场和农民合作社等，通过自愿、合法和有偿的方式，来引导农民的土地流转。

黄小虎（中国土地学会副理事长）：农村土地分为农地和建设用地。农地有它的特殊性，建设用地也有它的特殊性。我重点谈谈征地制度。

关于征地制度改革，具体来说，主要针对的是农村集体建设用地。它的弊端大体有四方面：一是征地范围过宽；二是补偿标准过低；三是安置途径过窄，就是征了农民的地后，对失地农民的安置途径过窄；四是征地程序不透明、不规范，公众参与度低。我认为这四方面的问题是表象，其核心问题跟制度有关，即跟政府经营土地的制度连在一起。种种制度性因素纠缠在一起，使得地方政府在地方的发展过程中过分依赖于征地，即所谓的土地财政。我们讲的土地财政就是征地卖地，建立在对增量土地的依赖上。西方国家也是土地财政，但跟我们不一样，政府不经营土地，而是对存量土地征税，通常的叫法是财产税，有的叫地产税。比如你有一栋房子，房子下肯定有一块地，政府对房子和地（地上、地下物）征税。这个税年年征，所以政府有稳定的收入。而我们的办法是什么？靠政府征地、政府卖地，是一次性的收入。上一任领导把70年的土地使用权卖出去，收入用完后，新上任的领导要做事，没钱怎么办？继续征地卖地。如此循环下去，我们的征地制度实际上是政府在经营土地。政府经营土地制度不是坐在房子里想出来的，而是历史发展以及各种因素碰撞后形成的。20世纪80年代推行市场经济的改革，20世纪90年代初，基本建立起社会主义市场经济的框架，其中很重要的一个问题就是，土地作为一个生产要素，也应该通过市场来配置。所以，20世纪80年代成立的国家土地管理局开始在全国推行城市土地的有偿使用，因为宪法规定，城市土地归国家所有。

但是，在推的过程中出现一个问题，即管地的又卖地。这也是有历史成因的，不是一开始就这么设计出来的。20世纪90年代初，有学者提出土地管理部门既管地又卖地不合适，我曾把这个意见跟当时国家土地管理局的局长讲过。这个局长跟我说：你的意见有道理，但现在没有办法。为什么？因为在推行城市土地有偿使用的过程中，很多地方甚至中央的一些政府部门不愿意接受。比如北京市，北京市一直到2000年左右都没有实行土地有偿使用。原来是什么样的？原来是领导管城建、管地，把地划拨给城建公司，城建公司这儿修一条路，那儿盖一座桥，这儿建一个广场，那儿盖一个宾馆，这是计划经济的模式。这种模式叫作"实物地租"，虽然没有有偿使用，但要交地租。在当时的历史条件下，不可能再找一个部门来经营，只能是谁来推谁来管，谁来经营。

这个局面到什么时候才彻底改变？1998年，政府机构改革，成立了国土资源部，国土资源部管土地，主管部门由副部级变为正部级，权威由此不一样。过去之所以推不动，一个很重要的因素是北京市的领导是正部级，实际上比正部级还高，书记是中央政治局委员，国家土地管理局作为副部级单位，推一个东西相对来说就比较难。国土资源部成立后，情况就不一样了，它是国务院的组成部门。所以，1998年以后，全国才真正确立土地有偿使用制度。这时，国土管理部门既管地又卖地的弊端就显现出来了，再加上20世纪90年代实行分税制，财政分税制度发生了很大变化。20世纪90年代末，中央提出城镇化战略。1998年，新上任的领导干部大干快上要实现城镇化，但因分税制，地方财政很紧张，突然发现土地制度可以做文章。之前国家土地管理局的领导到底下做工作，宣传土地有偿使用的好处，说深圳一卖地就卖多少钱，以此推动土地有偿使用工作。结果，到1998年，一下子就推开了。但是，从那时候开始，政府经营土地的弊端也明显暴露出来。

针对这个问题，要改革为什么那么难？难在哪儿？主要是在各方面作用下形成了一个发展模式、利益格局，这个格局一旦形成，就有它的惯性，要改它，等于是要动命根子，所以阻力非常大。用地部门，比如铁道部、交通部、水利部都是用地大户，对提高征地补偿标准很有意见。要改革征地制度，提高补偿标准，就意味着政府的钱少了。要允许集体建设用地进入市场，就等于政府不能征地了，无地可卖了。这牵动就大了，在其他方面没有改革的情况下，这一条确实很难实行。这也是我们面临的一个困局。这些年城镇化的飞速发展主要是靠各级政府直接用政府的资金投入来推动的，而不是靠政府引导、社会参与。整个干部考核体制都跟这个有关系，只要一动这个，牵动面就很大。形成这种局面不是一天两天了，改起来比较困难。

现在的问题是不改行不行？再这么继续拖下去行不行？根据我个人的研究，我认为：不改不行，必须改。为什么？因为这十几年来，城市化飞速发展，带来了大量的社会矛盾。把农民的地征了，补偿很低，又没有给他们合适的安置，于是造成了大量的社会问题。为了保证政府的财政收入，不允许集体建设用地进入市场。我国的集体建设用地包括宅基地，这部分土地有很大的再利用潜力，却不能得到充分利用。

如果允许农村集体土地进入市场，房价肯定会下来。但现在不允许集体建设用地进入市场，不允许农村集体土地开发商品房，从客观上讲，开发商自然形成了垄断，价格就由开发商说了算。开发商做的事，集体都可以做。开发商请人来搞设计，请人来施工，请人来管理，说白了，就是一种中介服务，这样的事，难道集体就不能做吗？我觉得，集体建设用地不需要开发商介入，集体完全可以自己做这些事，如此可以大大增加住宅供应。由于集体在城乡接合部，地价不可能涨得很高，因此房价也不可能很高。

我国现在的征地制度和政府经营土地制度的弊端大体上有几方面：第一，损害农民的利益，妨碍农民土地财产权通过市场来实现，阻碍了农民自主参与城市化、工业化的进程。

第二，城市居民的利益也受到损害，从社会发展来看，是透支未来。土地财政靠卖地，拿着将来的钱搞今天的建设。土地财政如此，土地金融更是如此。土地财政的风险好歹是由全社会来承担的，土地金融的风险就集中在政府身上，拿地抵押融资，然后搞建设。现在的很多干部已经形成这种思维：我要搞什么项目，没钱就征地卖地，然后拿这块地去抵押，还钱不是我的事。如此发展下去，非常危险。前几年，十几万亿元的地方债，绝大部分都是土地金融带来的。干部队伍也带来种种问题，既管地又卖地，既是裁判员又是运动员，市场秩序怎么可能公平？不可能公平！为什么社会矛盾那么尖锐，那么多的暴力执法、强拆？原因很简单，政府既是管理者又是经营者，政府运用手中的公权来管理，谋取经营的利益，这就导致了社会冲突，导致了整个市场秩序的混乱。

还有，政府层级之间出现了问题。中央一级、省一级政府手里没有土地，主要着眼于管理。但是，到了市一级政府，不管多大的市，北京市还是任何一个小县市，手里都有土地，都可以经营。当经营与管理发生冲突时，可以断定，一定是管理服从经营。所以，中国的宏观调控基本上是中央政府调控地方政府，跟西方的调控不一样。西方的宏观调控是政府政策调控市场主体，我们的调控是中央政府调控地方政府，违法的主体都是地方政府。

另外，时间久了，政府的行为会发生扭曲。我看到的问题是大量豪华的楼堂馆所，最突出的是政府办公楼，这是中国特有的现象。你到任何地方去看，不管是发达地区还是落后地区，最漂亮、最中心、最豪华的建筑肯定是政府办公楼。这样的风气发展下去，干部队伍就要出大问题。为什么会出现这种情况？因为对这种事，纪检、监察、投资、机关管理、国土，哪个部门都不管。为什么？因为用的钱不是上级拨款，管不到。那么，钱是从哪儿来的？当然是从土地而来。这个问题如果不改，就会把我们整个的干部队伍败坏掉。

第三，保护耕地、保护资源是扯淡。靠增量土地搞建设，就得不断征地卖地，就要走外延扩张的路。保护耕地就是要控制政府不占用好地，但能控制住吗？在利益的驱动下，我认为保护耕地是一句空洞的口号。所谓生命线、红线，没有用，保不住。为什么保不住？因为我们的耕地制度和政府经营土地制度有一个内在的扩张动力！这些年，为了保护耕地，我们花了大量的钱，我认为这些钱都是白花的。这些问题再继续下去，政权的合法性就要受到挑战，政权代表谁的利益？如果连农民的利益都不能保护，还能说代表绝大多数人的利益吗？所以，这个制度必须改。

现在，改革这个制度的时机和基本条件已经具备：一是经过30多年的发展，政府财力相对雄厚，支出的潜力也相当大，完全有能力解决农民的问题。

二是现在全国的所有城市，无论大小，一律走的是一条路，即外延扩张。北京现在要建七环了，按现在的模式，将来还要建八环。事实上，我们对土地的利用极其粗放，单位产出、容积率、建地率都很粗放。在中国，城市化是农民不能在城市里落地的城市化！

三是由于社会矛盾不断激化，政府、土地管理部门、社会各界做了大量的改革探索，积累了很多经验，只不过这些经验没有得到制度的认可，没有上升到法律层面。这些年来，党中央对土地制度改革的方向已经提得很明确：缩小征地范围，提高补偿标准，构建城乡统一的土地市场。所以，我个人认为，土地可以成为我们下一步转变整个发展方式的一个突破口。

对于具体怎么改，我有一些建议：第一，彻底改革现行的征地制度。征地制度改革的核心有两点：一是必须征用农民土地的，比如公益性、基础性项目确实需要征用的，要参照市场的地价给予农民补偿，使得被征地农民能够分享工业化和城市化的成果。按市场价补偿，很显然是要跟农民谈判，这等于是要赋予农民谈判的地位，今后征地程序都要从这儿来考虑。二是允许农村集体建设用地进入市场。公益性的建设用地可以不进入，经营性的建设用地必须允许进入。进入市场就等于允许农民自主地参与工业化、城市化进程，通过参与进程，分享城市文明。

第二，把经营土地的职能从土地管理部门分解出去。现在土地管理部门既管地又卖地，要把卖地分解出去。

第三，实行统一的土地登记制度。

第四，改革相关的财税体制，改革规划体制。现在的土地利用规划是政府制订的，政府可以改规划。我主张政府没有权力批准规划，批准规划的权力要交给人大，政府就是执行规划。如果规划由人大来批准，人大一批准，就等于成为法律，政府没有权力来改规划，这可能会对政府行为有很大的约束。

第五，从长远来看，要建立土地发展权转移制度。在发展地区，你的土地可以允许发展。你想加大开发力度，必须到禁止发展地区的农民那里购买土地发展权，才能加大开发力度。也就是说，光种地的人可以出售土地开发权，分享工业化和城市化的成果，使得大家基本处在同一生活水平线上。同时，发展权一旦卖出了，就必须按照法律的要求来保护好耕地，这可以增加农民保护耕地的积极性。这是美国的做法。事实证明，这种做法对保护耕地很有效。我觉得我们国家应该适时考虑。

第六，对政府的土地融资行为要加以清理和制止。土地融资对政府来说是法治建设的一大败笔！

思维共振

郑振源（原国家土地管理局规划司副司长）：

我谈一下建设城乡土地市场的问题。十七大提出要完善基本经济制度，坚持平等保护物权，形成各种所有制经济平等竞争、相互促进的新格局，要加快形成统一、开放、竞争、有序的现代市场体系，发展各类生产要素市场，完善反映市场供求关系、资源稀缺程度、环境损害成本的生产要素和资源价格形成机制。所以，对于土地制度改革的要求，十七大已经明确提出了，但在城乡统一的土地市场建设方面没有进展。原因在哪里？我想：第一，《土地管理法》与《物权法》虽然规定了两种土地形式的公有制，但两种公有制产权不平等。新中国成立以来，土地产权制度有过三次大的变革：第一次是土改，把地主所有制改成农民小土地私有制。第二次是1953—1962年，把农民小土地私有制改成集体所有制；1956—1982年，把城市土地改成国有土地。第三次是从改革开放开始的，这次改革是把所有权跟使用权分离，所有权还是公有的，使用权分离出来。在集体土地上，设定了承包经营权。在国有土地上，设定了建设使用权，把国有土地给各个阶层使用，大大提高了土地生产率，改革成效非常大。但是，集体土地产权没有得到平等保护，表现在三个方面：

一是宪法规定城市土地国有，因此政府就可以出一个公文，画一条城市界线，所有城市土地国有化，集体土地全部国有化。原来只是承包制的集体土地，一下子变成了国有土地，集体土地受到政府的无偿剥夺，没有得到保护。

二是现行的土地法取消了集体土地设定与转让建设用地使用权的权利。国有土地可以出让建设使用权，可以赚钱。集体土地则不行，集体土地禁止出租、出让，用于非农建设。因此，集体农民不可能参与城市化建设，不能分享城市化建设的好处、利益，这疏忽了集体土地的权益。

三是农民可以拥有宅基地使用权，但不能出让、出租宅基地使用权。因此，即便农民在城里打工了，农村的房子也不能出让，只能空着，造成大量的空心村。

上述这三个不平等，造成城乡建设用地市场建设不起来。

第二，虽然《土地管理法》与《城市房地产管理法》都规定了土地市场的规则，但这个市场是政府高度垄断的市场。市场交易规模受政府每年下达的指标限制，每年只有三分之二的国有建设用地指标可以在市场上进行交易，而且是在两个分割的土地市场上交易：一是公益用地市场，二是房地产市场。地方政府拿到指标后，刨掉公益用地的市场指标，剩下的指标用在房地产市场上。所以，房地产市场是一个限量供应招拍挂交易的市场，与公益市场完全是两种形式。因为剩下的建设用地指标少，地方政府有意识地半饥饿供应，如此来抬高地价、出让金，弥补公益用地的钱。因此，地价高、房价高，高到现在大家买不起房子的地步。政府过度干预，贱卖工业用地，贵卖住宅用地，导致资源误配。工业用地资源过多，住房用地资源过少，这是造成房价高涨的根本性原因。

为了保证人口的城镇化，保证房地产的价格能够降下来，这个制度必须改革。改革的办法有：第一，完善集体土地产权制度。现在有些人提出要提高土地国有化或者提高土地私有化，这两条路都走不通。土地全部国有化，农民不答应；全部私有化，共产党不答应。最好的出路就是土地公有私用，这是各方都能接受的出路。但是，要完善改革，就要做到平等保护集体土地产权。一是要删除《宪法》第十条——"城市的土地属于国家所有"。城市土地可以国有，也可以集体所有；城市可以建设在国有土地上，也可以建设在集体土地上。要让集体土地能够用于城市建设。二是要修改《土地管理法》第四十三、六十三条和《物权法》第一百三十五条，赋予集体土地设定和处分使用权的权利，允许集体土地建设用地使用权接受城乡规划指导，在土地用途分区规则限制的前提下，自主平等地进入土地市场。三是要修改《土地管理法》第六十二、六十三条和《物权法》第一百五十三条，要赋予农村宅基地使用权人自主处分宅基地使用权的权利。产权制度要做这三个改革。

第二，要制定集体土地入市的规则。《城市房地产管理法》的名字要改，改成"房地产管理法"，使法规扩大到适用于集体土地。还要撤销限制集体土地优势的三道门槛：一是要合法批准集体建设用地；二是要允许城市建设规划区内的集体土地入市；三是要让集体土地进入房地产市场。只有允许集体土地全面落实，在规划指导下，才能够建设城乡统一的土地市场。

第三，加强集体土地入市的规划管理和税收管理。规划要改成公众参与式的规划。加强税收管理，集体土地入市，应该缴纳与国有土地一样的税收，以税收作为调控集体土地入市的主要手段，有契税、经营税。

第四，改革财税制度，建立一个与地方事权相匹配的地税体系。

陶然（中国人民大学经济学院教授）：

地方政府做的工作，基本上是从沿海地区开始的。20世纪90年代末，地方政府开始招商引资。在招商引资的过程中，地方政府通过低价征地，以更低的价格将绝大部分工业用地出让出去。地方政府把土地出让出去的价格，完全无法覆盖征地和基础设施建设的成本。

中国经济在2008—2012年期间高速增长。这轮经济的高速增长有两个轮子：一是外贸出口，出口导向型的外贸；二是房地产，地方政府通过垄断，限量供应商住用地。这两个轮子在2008—2012年期间带来了经济的巨大增长，也带来了很大的环境污染和一定程度的房地产泡沫。2009年，中国政府采取了非常不当的财政信贷刺激政策。当时，很多报纸上讲一定要避免日本房地产泡沫崩盘的困局，但我们做得比日本还要糟糕。日本房地产之所以泡沫化，是因为日元在20世纪80年代一直被压低，跟中国一样，为了促进出口。为什么要促进出口？因为我们不断借钱建开发区，而钱还不掉。中央政府也因为能从制造业的发展中拿到75%的增值税，所以希望把出口搞上去。所以，中央和地方合力把人民币汇率升值，中国外汇储备不断增加。2005年，人民币汇率被迫不断升值。中央和地方在该过程中能够获得财政收益最大化。1988年，在美国的压迫下，日元不得不一年内升值100%，因为贸易顺差非常大，对日本是不利的，有利于出口，但不利于进口。当日元升值100%以后，日本经济马上面临紧缩。当时日本跟中国一样，正好这段时期政府财政和银行里的金融资源非常丰富，所以政府慌不择路，害怕经济不稳定，大规模采取财政和信贷刺激政策。

中国房地产在各个城市严重泡沫化，2009—2010年时情况跟日本一模一样。比日本更糟的是，日元升值了100%，人民币升值了

20%~30%，所以日本制造企业基本外迁到东南亚，而中国很多企业内迁，中西部大量建开发区。2009年以后，制造业产能过剩，经济不可能再保持高速增长，但内地地区和沿海欠发达地区仍在大规模建设开发区。为何还要建？两个原因：一是房地产泡沫化。因为房地产泡沫化，一线城市限购限贷后，很多地产商和炒房者跑到二、三线城市，开发新城区。二是中央要大家刺激内需，钱都从国有银行里借，低息贷款，谁不借谁是傻瓜，借了以后还不了，中央银行不可能看它们倒闭，所以没关系。房地产泡沫造成的财政幻觉和国有银行贷款造成的道德风险，导致2010年地方政府债务翻了一倍，从5万亿元增加到10万亿元。大家觉得反正没有投资机会，就去买楼，一旦房地产市场预期改变，房子抛都抛不掉。现在的局面是：地方政府不断通过投融资平台借钱，中央发现不行，赶快控制。地方政府跟投资公司合作，再去借钱，风险越来越高，利息越来越高，这是一个逆向选择问题。还有很多房地产商，因为资金链短缺也去高价借钱，搞房地产，大家想撑过这段时间。但北京的房价在过去十年里涨了7~8倍，大部分城市涨了3~4倍，这一定会崩盘，只是时间问题。中央发现了这个问题，要求控制各融资平台。房地产市场跟股票市场不一样，股票市场会跌停、放血，房地产市场崩盘根本没有人敢接，会跌得非常惨。这是中国未来两三年要面临的情况。

如果发生这样的事情，很难保证中国不发生社会动乱，可能有三类人会出问题：第一类是两亿农民工里有一亿是80后，没有种过地，不会回家；第二类是几千万失地农民，这些农民大部分有工作，没工作的肯定找政府闹，因为地被你拿走了；第三类是大学毕业生，每年六七百万的大学毕业生，如果连工作的机会都没有，事情会非常麻烦。

设政改特区,破政改难题

社会热点

回顾改革开放以来的政治历程,可以分为两个阶段。第一阶段是从1978年十一届三中全会到1989年:在选举制度方面实行差额选举;加强了全国人大常委会的制度建设;扩大了地方的自治权,设置了常委会;废除了领导干部职务终身制。这不是体制制度的改革,而是人事制度的改革。第二阶段是从1989年至今:经济方面的改革速度远远超过了政治体制改革;政治改革进展缓慢,但非一无是处。

30多年来,改革的总体特点是:第一,经济改革与政治改革并行,但经济改革居于主导地位,政治改革滞后于经济改革的步伐;第二,政治改革的推动者主要是党和政府,体现为一种自上而下的改革方式,公众参与程度不高;第三,政治改革与法治进程关系密切,主要表现在若干法律文件的颁行和修订上。目前,主要的问题是法律体系已经完备,但法律的实施出了问题。

当前改革的动力在什么地方?一是公众,社会上对国家的改革要求比较高;二是舆论,舆论在这方面的呼声也比较高;三是非政府组织的推动。

中国是否应该设政改特区？这么大的国家，不搞试点，直接一步到位，谁也不敢干，恐怕设立政改特区还是有必要的。

李永忠（中国纪检监察学院副院长）：我认为办成一件大事需要三个支撑：

第一，理论支撑，讲合理性。毛泽东有一句名言：凡是要推翻一个政权，总要先造成舆论，总要先做意识形态方面的工作。革命的阶级是这样，反革命的阶级也是这样。这句话从革命党的角度来说很到位。改革、做大事，先要有一个理论支撑，得把理论讲清楚，讲清楚以后才可能取得共识。如果自己都说不清楚这个事，怎么能唤醒民众？我的看法是"从两块基石到三个基础"。执政党必须有三个基础：第一，代表先进生产力，这是经济基础；第二，代表先进文化，这是精神基础；第三，代表广大人民的根本利益，这是群众基础。有了经济、精神和群众基础，执政党的理论基础就有了。

为什么要讲这个东西？改革开放其实是从政治体制改革起步的，标志性事件是十一届三中全会。很多时候，我们看到的是十一届三中全会实现了全党工作中心的转移，其实是党内权力结构的调整。

因此，我认为十一届三中全会的功绩有三：一是对党内权力进行分解；二是在党和国家政治生活中加强了民主，开始对个人限权，也就是说，谁要把个人凌驾于组织之上，在形式上是不允许的；三是经济工作的中心转移。改革之初的动力，其实来源于政治体制改革。政治体制改革推动了经济体制改革，于是才有家庭联产承包责任制的改革。这看起来是经济体制改革,其实是政治体制改革。为什么?《农村人民公社工作条例(修正草案)》里明确规定:三级所有,队为基础。这是公有制特别是集体所有制的一种表达方式。这样的话,个人经济、包产到户是绝对不允许的。由于有了十一届三中全会,有了政治体制改革,小岗村的18户人家才可以用按手印的形式约定:谁要是被抓到监狱里,谁要是被杀了,其他17户保证这家的小孩读书到18岁或者大学毕业。他们知道这是违宪的,也是违反政策的一个行为。所以,30多年的改革成绩得益于政治体制改革。

第二,政策支撑,这主要是解决合法的问题。人们常把政策和法律连在一起说,我们还没有进入真正意义上的法治社会,所以改革需要用政策、策略上的变通,使违法之事合法化。比如,包产到户就是这样解决的,我们并没有修改《农村人民公社工作条例》,也没有修改《中华人民共和国宪法》,但包产到户推进了。严格说,它是严重的违宪行为,但由于政策上的变通性处理,安徽、四川搞起来了,全国拷贝就成功了。所以,改革要寻求政策上的支撑,来解决合法的问题。比如,经济特区、"一国两制"等都是先提出来,先实践了,最后通过法律形式追认。所以,开始都是一种违法的行为,至少是一种违法的说法,最后用法律形式把它稳固下来。因此,改革要找到政策上的变通办法。

第三,操作支撑,这主要是解决合情的问题。将先知先觉者的认知转化为最广大民众的共识和行动,将可能转化为可行。比如,打天下的时候有农会,坐天下的时候没有农会。为什么?2000多年的封建统治经验可以给我们很多启示:如果把民众打成一盘散沙,再没有水平的村长,也可以有效管理;如果不打成散沙,他的能力就必须大大提高。在能力不能提高的情况下,必须把民众打成散沙,才能有效管理。这是2000多年封建统治不变的经验之谈。高考很有操作性,尽管这个制度有很多不完善的地方，但现在还没有找到比高考更好的制度，这比以前推荐工农兵上大学的效果要好得多。

为什么要搞政治体制改革？怎么搞政治体制改革？我分三方面讲。

一是要尽快达成共识，解决是什么的问题。什么是政治体制改革？从实质上来看，政治体制改革在某种程度上是要对上层建筑的生命线进行改革。再往下划分，是党和国家领导制度的改革，这是1980年8月18日邓小平在讲话中谈到的。对于政治体制改革，不是搞中观和微观的，而是要改宏观的，是党和国家领导制度的改革。我们现在提的最多的是"改革和完善"或者"完善"，谈的是体制，而不是制度。政治体制改革太大，党和国家领导制度的改革也比较大，最后落实到党的权力结构改革。

二是现实。政治体制改革是领先于经济体制改革，还是与经济体制改革并行，或者滞后于经济体制改革，甚至严重滞后于经济体制改革，都得要有一个判断。没有正确判断，很难达成共识。现在有一部分领导认为两边是适应的，有的甚至认为政治体制改革是领先的（个别说法），大部分领导认为是平行的，两边特别适应。深入研究的同志认为，政治体制改革是滞后的。在这个问题上，我们需要拿出数据、例证，来证明这一点，才能达成共识。2010年是深圳经济特区建立30周年；2011年，深圳市市长许宗衡被判死刑，缓期两年执行。从个案来说，如果两者是并行的，甚至政治体制改革是超前的，那么下面可以出问题，但至少不应该出这么大的问题。从数据来讲，从2006年到2010年，河南省有26个县委书记落马。河南省总共有150多个区县，如果不算区，只有一百零几个县，26个县委书记出问题，比例有多大？在中国的五级政府里，县是直接面对老百姓的，市、省和国务院都只管吏不治民，唯独县是直接治民的。这么多的县委书记腐败犯罪，可以想象比例有多高！当然，再做一点数学模型和其他分析研究，就可以明确知道，对于经济体制改革而言，政治体制改革是领先于它、并行于它，还是滞后于它，甚至严重滞后于它了。

三是危险。政治体制如果不改革，危险是什么？首先来看看苏联。勃列日涅夫执政长达18年，他在执政期间老是调整干部，并且调整得非常到位，90%以上的干部都调整了。苏联过去的领导干部待遇非常好，非常稳定，就算腐败，也不会被查处。就像宋代的"三冗两积"："冗官、冗兵、冗费"，导致的是"积贫积弱"。苏联的教训是：在最需要改革时，由于既得利益的短视，错过了改革的最佳时期。到了戈尔巴乔夫时期，戈尔巴乔夫是当时苏共选的最好的接班人，无论是从门路还是从眼界上来说。戈尔巴乔夫想改革，找既得利益的同僚们商量改革，大家都不赞成。他没有办法，于是剑走偏锋，因为他已经看到苏联亡党亡国的危险性，他把过去的历史真相披露给大家。告诉大家真相以后，民众改革的动力就散发出来了。不过，这里面有一个定律：权力高度和权力管辖的面积成正比。真相披露了，权力高度会迅速下降，权力管辖的面积就必须分裂，因为管不了。而且，苏联当时缺乏一批人才帮他全方位衡量这个问题。另外，要考虑能否有效管理，如果不能，以后会出现什么样的情况。当时戈尔巴乔夫很匆忙，只想到公开性、透明度，党和政府的威信到哪儿去了，没有人考虑；谁来收拾残局，也没有人考虑。光说得痛快是不行的，这样就得分裂。所以，首先是很多民族开始闹事。

还有清朝末年的陷阱。清朝立宪派不想革命，他们特别想解决的是大一统中国怎么能发展好的问题，就主持君主立宪。跟老佛爷说，老佛爷不听。好不容易找到一个能够对上老佛爷耳朵的人，讲了一句话：君主立宪，受审的不是皇族、皇权，受审的是一些有实权的大臣。

老佛爷听了说：怎么不早说，早说早改革了。君主立宪，皇权不受损失，大臣受损失，当然愿意了。但被动的改革很难，最后虽然通过了君主立宪的改革大纲，规定了9年的预备立宪期，但革命党等不及了，提前爆发革命。最后的结局是：立宪派认为清末那一帮既得利益者或者既得势力集团是假改革。因此，他们把自己最后的同盟者都驱赶到革命者那边去了，朝廷就没有势力了。武昌起义，一个小小的动作，清朝政府就完蛋了。所以，当你有时机时，必须改革，不然想改时可能就没有机会了。

除了时机，速度也很关键。即使能争取到机会，改革的速度太慢也不行。所以，既要选择时机，又要选择速度。长时间按兵不动，可能会失掉最好的时机；你的速度慢于保守者的速度，也可能会功亏一篑。我举个例子，孟良崮战役严格来说可以叫"一分钟战役"。当时我们的部队只比国民党的部队早一分钟到达黄崖山，因为这一分钟的早到，就把这个口子给扎住了。最后国民党的连进攻、营进攻、团进攻，都没能拿下黄崖山。如果国民党的部队早到一分钟，必然会和张灵甫的部队接上，那我们的主力可能会被国民党反包围吃掉。战争如此，改革也是这样。清末的改革在速度上如果能稍微快一点，就有可能发生变化。

为什么要搞政治体制改革特区？一是因为法律不适应，急需政策变通。现在的"一国两制"思路就是一个很好的变通。既然可以允许国内搞"一国两制"的试点，那么政治体制改革应该比"一国两制"更符合我们的实际。二是因为权力不适应。权力不适应现在改革的深化，急需政策经营、调整和变通。三是因为权利不充分，急需政策支持补充。

怎么改？一是抓住总病根，从"本"上改，"本"就是权力结构。

我们可以尝试党内分权。1956年的八大有这样的尝试：党内决策机关中央委员会主席毛泽东，执行机关中央书记处总书记邓小平，中央监察委员会书记董必武。党内决策和执行的权力监督在八大（1956年）就做过了，现在可以恢复1956年的尝试。同时，可以按照我思考的"三步走"方针：一是党内分权，二是党政分工，三是党政分开。这样走，走得可能就比较稳妥。有人想一步就党政分开，这样不行。党本身没治理好，一旦分开，党就丢掉了自己的核心领导力。

二是努力实现集中民主化，集中民主化是从关键上改。前面讲到了权力高度和权力的管辖面积成正比，因此必须保证中央先不改，省先不改，市可以缓改，现在以试点县作为单位就可以了。这样既可以解决速度过慢的问题，又可以解决速度过快管不了、管不住的问题。

三是建立政改特区。第一，精选试点，考虑东、中、西部，选择有代表性、有条件的地方搞党内分权试点。为什么？因为中国改革的成功经验在于"突破在地方，规范在中央"。从家庭联产承包责任制到地方的各种创新，都是在地方突破的，不是国务院研究室设计出来的。第二，精选内容。上策是改革权力结构。党代会变成党代表，常任制变成党代表任期制。中策是改运行机制。权力要公开、透明，意识公开、用人公开和监督公开，这是改变运行机制的办法。下策是改操作方法。现在80%～90%的改革都是改操作方法。现在推行一把手的"三不"：不直接管人、管物、管钱。体制不改，改革操作办法无济于事。

思维共振

李伟东（《中国改革》杂志社原社长）：

在我印象中，20世纪80年代有过政治体制改革研究室，存在了很长时间。1988年到1989年，我们进行了什么样的政治体制改革？很多地方把党组撤了，政法系统和党政系统分开，政法相对独立。党政分开是20世纪80年代邓小平提出来的，他坚决遏制以党代政，认为以党代政是相当危险的一个状况。为什么把人民公社制度取消了？我同意李副院长所说，20世纪80年代的改革是从政治体制改革开始的。就是那一轮政治体制改革，释放了很多生产力。第一，撤销了人民公社制度。人民公社没有选过社长，从来都是书记，后来叫主任，这是严重的、全面的以党代政。所谓"三级所有，队为基础"，上级的平调非常严重，下级的生产只是一个核算而已。取消了这个制度，完全是还权于农民，这是第一次还权于农民，把不该上收的权利还给农民本人。"耕者有其田"是共产党取得政权的第一个动力，这是在适应一个王朝的周期，有农民革命的色彩。第二，跟苏联关系很好。赢得了苏联，赢得了少数城市工人阶级。第三，国民党从西南重新接收全国时（1945年、1946年），抢夺革命胜利果实，迅速走向腐败。共产党跟黄炎培先生承诺，重新建立民主，通过民主的方法跳出历史周期律，绝不再陷入新的腐败，要成为世界上最为廉洁的政府，这才赢得了1949年的胜利。

我们面临的问题是：腐败是制度性的，主要是缺乏制约造成的。我们党是喊着民主、人权、宪政的口号赢得政权的。我们一直强调卢梭的那套少数服从多数的民主理念，但全世界认同的是孟德斯鸠的"以权力制约权力"的民主理念，少数服从多数已经不再是民主的核心价值观了。

李胜平（胡耀邦史料信息网研究员）：

我认为政治改革的特区应该设，同时，更大面积社会内的改革也要提上日程，两者并行不悖。我们经历了改革的黄金10年，从1978年到1989年。进入20世纪90年代以后，开始搞全民经商，把大家的注意力从政治上引到了经济上。在这个过程中，政治上的很多问题没有解决好，腐败变成了今天的结构性的、制度性的。今天，靠我们自己来遏制腐败，有没有可能性？很多人讲要改革，我们是做这个研究的，我想讲一下中国政治体制改革中党内思想资源的问题。

从中央的领导来说，在政改这一块，20世纪80年代曾有很多辉煌的设计和想法，但1989年以后，这些东西都扔掉了。比如，20世纪80年代有一个非常重要的文件：1978年叶帅在中央工作会议闭幕会上的讲话。另外，叶帅提出了反对封建主义的问题，他说现在思想战线的重要任务就是反对封建主义。

再一个问题是中国特色。中国特色是邓小平在20世纪80年代首先提出的。什么叫中国特色？中国特色除了人口多、底子薄、生产力低下，还有一个最大的特点，就是封建主义传统深厚。所以，要加强民主建设。这是中国特色的本意。叶帅在中央工作会议闭幕会上的讲话，主要是明确思想政治战线的重要任务，就是批判封建主义。1979年年初召开了理论工作务虚会，"文化大革命"、毛泽东同志晚年的错误、民主与专政等基本问题，都在这个会议上谈到了。

到了1979年年底，李维汉同志在很多场合提到我们这个国家发生了"文化大革命"，是封建主义残余起了重大作用。李维汉当年找胡耀邦谈，胡耀邦说，这个问题跟我谈不行，要跟小平同志谈。1980年5月，李维汉跟邓小平有一次很长时间的谈话。李维汉讲，我们党开展民主革命，推翻了封建主义政权，但是，在中国环境下成长起来的党，受封建主义的影响非常深。他建议小平同志应该在一次党的代表大会上或者在一次人大会议上专门讲这个问题。当时党内同志对封建主义的影响和遗毒认识得比较深刻。1980年4月，召开了全军政治工作会议，会议上提出了"兴无灭资"的口号。当时我们要进行什么样的改革，其实是不清楚的，所以讲"兴无灭资"。会后，习仲勋对这个口号提出了疑问，说怎么认识"兴无灭资"，现在要搞改革了，就要"兴无灭资"？什么样的东西是无产阶级，什么样的东西是资产阶级？习仲勋把意见反映到邓小平那儿，邓小平说这个口号不要再宣传了。

政治体制改革要放在全国人民面前，怎么改？有很多种改法，20世纪80年代是改革的黄金10年，当时中央的文件和中央领导人对政治体制的看法很深刻。比如，1986年9月28日通过的《关于社会主义精神文明建设指导方针的决议》明确写着民主、平等等目标。李老师的探索，我认为很有价值。当然，社会上的舆论与压力也是促成大家有更好的交流的原因。

从大部制改革看中国政府治理的转型

社会热点

改革开放以来,政府转型已经做了多次努力和试验。1982年进行了第一次体制改革,改革的目标是提高政府效力,即干部的年轻化和知识化,主要解决的是干部的老龄化问题。1988年启动了第二次政府改革,主要是转变政府职能。1993年搞了第三次改革,这次改革的核心任务是推进经济体制改革,在建立市场经济的同时,建立有中国特色、适应社会主义市场经济的行政管理体制。2003年,在加入世贸的情况下,改革针对的是决策、执行、监督三权相协调。2008年的改革围绕着转变政府职能和理顺政府关系,涉及政府机构调整。"习李新政"以后,我们充满期待,第一棒打向的又是政府改革。

周汉华(中国社会科学院法学研究所研究员):我从法学研究的角度谈四个"三":一是从改革背景上谈"三个两难";二是从改革方案

上谈"三个亮点";三是谈改革方案的"三个遗憾";四是谈未来改革的"三个思考"。

机构改革,各方面的制约条件非常多,我归纳为"三个两难":

第一,大改还是小改?这是一个问号。我相信大家这次可能看到不止一个改革方案,力度非常大,包括跟法律相关的方案,有一个版本说的是法制办与司法部合并。大家知道,司法部是中国最小的一个部,管不了什么事,虽然叫司法部,但连司法行政都没管全,是世界上最小的司法部。还有大文化、大能源等版本,大家信誓旦旦地说,这次一定是大改的版本。结果是什么样?大家看到的还是小版本,变化不大。我想,对于决策者来说,每次改革都会遇到这个两难。1998年,朱镕基总理很厉害,一次撤了15个部委,其中包括8个工业相关部委,力度非常大,但结果也不怎么好。大改革面临的阻力非常大,中国的体制盘根错节,搞大改革,这儿牵着那儿挂着,所以最后的改革方案一定会说"循序渐进",是阶段性方案。而小改革在中国也很难,因为小改革就像迷踪拳一样,会化于无形,效果不大。2008年的改革也是大部制改革,效果不大,有的部委只是物理革命,并没有产生实际效果。所以,改革永远面临着大改还是小改的难题,难就难在:小,打不破利益格局;大,承受不起。

第二,减人还是不减人?减人不仅增加了改革的阻力,而且有时候会出现有些事找不到人做的情况。所以,1993年、1998年的改革出现了这样的情况:一个人管这个事,结果那个人被减走了;一个部变成了公司,管理职能去哪儿了?找不到了,找不到哪个部门管这个事。1998年之后的改革,再也不提精兵简政了。2003年的改革大家都高兴,2008年的改革大家也高兴,因为改革不减人。可不减人出现的情况是什么?明显的违法现象!一个部门有八个副部长,一直挂在那儿,等到自然淘汰为止。因为不需要减人,公务员改革没压力,所以有时候改革变成了一个利好消息。不减人造成了现在的考公务员热,因为没风险。20世纪90年代国企改革,工人下岗没有办法,现在当了公务员,怎么改也减不了,没准换的地方更好。所以,改革没有形成有效的激励约束。

  第三,开放讨论还是内部决策?现在进入了互联网时代,但机构改革基本上还跟30年前一样:高度封闭的决策体系。所以,有同人在网上说:参与了的不发言,没有参与的乱发言。我乱发言,因为我没参与。因此,不开放的改革方案难免会有很多问题。另一方面,如果开放,就炸了锅,因为各种利益跑部门、跑权力、跑职能很厉害,改的部门往往是最后知道的。所以,记者问铁道部末任部长盛光祖,他无辜地说"不知道",被合并的也不知道。改革变成了高度机密的决策。清末,袁世凯曾主持过一次官制改革,消息走漏,结果走关系、跑部门一塌糊涂。现在我们也面临这个问题。上一届机构改革,说要把铁道部并了,后来说南方一场冰灾救了铁道部。因此,我们要理解改革所面临的约束条件,明确了约束条件,就能提前预测改革的方案是什么样的,也能预测改革的下一步是怎样的。这是改革的"三个两难"。

  关于改革的方案,我认为有"三个亮点":一是突出了职能转变。1988年的改革就提出了职能转变,而且每一次机构改革的方案也都强调了职能转变,这次特别强调就是亮点。二是提出政社分开。原来基本只提政企分开、政事分开、政资分开、政监分开(把政府的政策职能和监管职能分开),从来没有提出过政社分开。20多年前,农村改革提出过政社分开,那时候是把人民公社变成各级政府。这次明确提出政社分开,意义非常大。为什么?因为除了市场和政府,就是第三部门:社会。如果能把社会这一块放开,对中国的意义不亚于30多年前的一场经济体制改革,即把改革真正做全面,对慈善类和科技类的社会组织、协会、商会会有很大帮助。如果政社分开这盘棋能下好,就能解决中国一条腿长一条腿短的问题。只有社会发育了，才能和市场相互结合，和政府形成有效的双重格局，完善中国的体制。三是大部制的继续推进，尤其是中国海监的设立。中国海监相当于美国的海岸警卫队、日本的海上保安厅，是一支对外的队伍。中国海监的设立，终于解决了海上多头执法的问题，避免了没法跟国际惯例做法相适应的尴尬现象。

再有，改革方案的"三个遗憾"。我个人认为比较遗憾的地方，一是思路不够新，二是力度不够大，三是前景不够明。

第一，思路不够新。这次宣传的最大亮点是转变职能，但转变职能在1988年就提出了，是一张25年前的药方。所以，说它新，其实并不新。而且学法律的人都知道，按宪法规定，政府转变职能不需要在人大常委会上审批通过。只有国务院组成部门进行改革，才需要人大代表举手表决，国务院直属机构、事业单位、部委管理的国家局、特设机构改革，不需要人大通过。所以，职能转变从理论上来讲不需要向人大报告，政府做就行了。更重要的问题在于：每5年的机构改革方式，大家都做了讨论，这个方法究竟对不对？十七届二中全会提出，到2020年，基本建立起比较完善的行政管理体制。每5年抓一次药如何是好？在思路上，怎么走出行政体制改革的困境？

第二，力度不够大。小方案本身就有一些值得商榷的地方。例如，列在第一位的是铁道部改革，铁道部撤销。我认为铁路改革若不同步启动市场化改革，不引入竞争机制，就是铁老大一家。把一家分成两家的改革，究竟有多大的意义？拳台上有两个人在对打时才需要裁判，现在的铁路改革如果只是左手跟右手打架，左手打右手，右手打左手，还需要裁判吗？所以，方案设计得不彻底。到现在为止，我们并没有看到铁路要引入竞争机制：究竟是路网分离，还是设多个区域集团进行分工？没拆时不能随便涨价，拆完后，铁路公司摇身一变说：我们现在是市场主体，终于可以调价了。后来，发改委出来驳斥言论：铁路的价格还是政府管制的价格，是政府指导价。

世界上还有一些国有化公司，比如法国电力，上下游一体化。不管是铁道部还是国有铁路公司，如果完全国有，不接受外界竞争，从生产到运营全是一个人，就不需要监管。现在的改革是既维持了国有化，还弄了监管，有什么意义？现在的国家铁路局只是副部级，原来铁道部的副部长当铁路局局长，副部长管正部长，能管得住吗？而且管什么？管安全？铁路总公司自己可以负责。管标准？国家铁路局自己说了算，因为没有竞争。交通运输部有公路司、水运司，换一个司就行，为什么铁路不是司，而是国家铁路局？公路运输、水路运输很发达，都是一个简单的司，为什么铁路是一个部委管理的国家局？必要性何在？道理何在？讲不出来。

还有新闻出版广电总局。在地方改革实践中，所谓"文广新"在很多地方已经实现了。新闻、出版、广播、电视全合在一起后，剩下的就是博物馆、图书馆，文化为何不能合在一起？媒体的媒介形式是最主要的文化。更重要的是"文广新"还管互联网，相当于互联网信息办。现在是网络和现实高度融合的时代，地方改革已经实现了融合，我们还人为制造一个网上管理和网下管理的二元化机制，有没有必要？

第三个事例是国家食品药品监督管理总局，表面上看实现了全流程管理，其实并非全流程。食品药品监管有很重要的两块没有涉及：一是风险评估，二是食品安全标准还留在卫生部，没有真正全覆盖。而且最重要的是，食品药品监管到底是垂直管理还是分级管理？从1998年到2008年历经数次变化，背后的逻辑是缺乏的。2008年取消了垂直管理，这次会是什么体制，语焉不详，所以力度不够大。

第三，前景不够明。大家希望比较多的领域专设改革部门，专设改革部门不是因为改革部门重要，我认为是决策职能统一的重要性，以及决策、执行和监督一定要分开的重要性。大家都知道，这些年发改委既管发展又管改革，既管宏观又管微观，既管事前又管事后，最重要的两个权力都在发改委——管价格和管市场准入，淡化了改革的职能。所以，前景不够明朗。这是一个事例。第二个事例是电监会的起伏和演变。财新传媒写了一系列很不错的文章，胡舒立也进行了推荐，包括电力监管这一块。2002年，中央下发的5号文件推进电力体制改革，实行厂网分开，把国有电力资产一分为七：国家电网公司和南方电网公司以及五大发电集团。而且当时要求引入竞争机制。2003年设立了国家电力监管委员会，这是我们国家真正用"监管"这两个字做名称的机构。证监会1992年设立，叫作"中国证券监督管理委员会"。这些机构很聪明，英文名称里都有"监管"这个词，其实根本不是这么一回事，背后的理念不一样。药监局要跟美国并齐，美国叫FDA（Food and Drug Administration），我们叫SFDA（State Food and Drug Administration），表明我们的国际性。这次不好办了，药监总局，我就想：加了一个"总"字，英文名称就不好翻译了。电监会反映了现代的监管理念，可事实上，2002年以后，电力改革停滞了，没有实现发电和售电的真正竞争，还是原来的管理体制，不断涨价。这些年国际电价往下走，我们的价格不断往上走，而且价格部门不断地说，我们的价格还不到位。这不是因为电监会没用，而是因为配套改革没有跟上。本来电监会的设立是一个标志性事件，是电力市场化改革的一个重要里程碑，结果配套没跟上，就废了。所以，现在的改革总是向现实低头，成立了能源局（放在发改委下面）。2003年设电监会下了那么大的决心，结果过了10年又退回去了。虽然准入权给了，但重要的权不给，"交人不交枪"。

对于改革的未来，我有"三个思考"：一是行政化和法治化的关系问题。现在改革行政化越来越厉害，国家药监局变成国家药监总局，加了一个"总"字，加挂牌子。机构改革，级别越来越突出，原来是副部级，现在是正部级；原来是正部级，现在是副部级。改革30多年后，行政级别化在改革方案中越来越突显，1993年、1998年的方案没有突出这一点。从法律角度谈，什么叫依法行政？什么叫法治政府？依法行政、法治政府是只认规则，一切按规则办，不看级别。交警在路上执勤，你违反了规则就得惩罚，不看级别。以此类推，法治政府也一样，淡化级别。如果行政级别越来越突出，行政化的趋势越来越强，就和中央提出的建设法治中国的大方向有背离。整个政府改革，法治政府建设，必须只听从法律，不听从其他。其实《食品安全法（修订草案）》在机构上做了创新性规定，这次在修法之前就把机构改了。这里面的问题值得我们思考：行政化和法治化在改革中应该突出哪个？

二是改革的执行力问题。这次引入了职能转变，可职能转变的药方是25年前的，而且这次提出的具体措施，和2001年开始的行政审批制度改革以及《行政许可法》的制定是一脉相承的。我们知道，虽然制定了《行政许可法》，虽然审批制度经过了十几年的改革，虽然国务院宣布废除了69.3%的审批项目，但今天审批仍然是一个突出问题。比如，暂住证就是典型，还有网上诟病的车检。行政审批制度改革中面临的问题很多，十几年没有实质性的改变，事前和事后机制脱节，一边在废，一边在新设，而且新设的速度比废的速度快。另外，组织保障没有跟上。再有，合法与合理脱节，越来越多不合理的审批经过合法化程序后，都找到了靠山和合法性依据。所以，下一步改革的执行力会变成很大的问题，如果没有新思路，很难指望提出来的东西落地。

三是行政改革的出发点和基本原则究竟是什么？到现在为止的改革，

我们叫行政体制改革或者政府机构改革，一直围绕着"行政权力"转。是否要开新药方？我个人认为到了开新药方的时候，把围绕着行政权力转变成围绕着权利保护来构建制度。改革如果仅在内部打转，很难走出五年一次的循环，现在到了需要从权利保护的角度来构建我们的制度的时候了。中国改革30多年来成绩的取得离不开放权松绑，围绕着权利保护才能带来积极性和创造性的发挥。现在面临的所有问题，包括城镇化、社会保障制度、信访等，都是因为权利保护不够。下一步的改革目标是审批制度改革、政企分开、政社分开、政资分开、政事分开，其背后要求权利的全面实现。所以，中国改革要从政府的权力转向公民的权利。

思维共振

郑新业（中国人民大学经济学院教授）：

我谈以下几点：

其一，未来10年、20年，政府面临着四个挑战：第一，仍然要发展经济，我国仍然是一个穷国，不管从哪个角度讲，都是穷国；第二，经济一会儿热一会儿凉，一会儿高一会儿低，政府要倒腾政策，应对通货膨胀；第三，收入分配；第四，大气污染。这四个问题很难解决，因为解决了一个问题，另一个问题又出来了。

其二，现在政府的安排解决不了问题。政府的规模太大，2011年，政府的收入占GDP的比例达34%，超过了美国和日本等国，继续征税干事，对经济增长也有负面影响。我们的行政收支结构也不合理，不利于治理经济波动，不利于收入分配，也不利于污染治理。我们的税收以消费税、营业税、增值税为主，在这些税收体系中，有42%的税收不太利于治理经济波动，也不太利于收入分配，个人所得税只占总税收的百分之四点几，非常少。再有就是污染问题，传闻现在环境税正在会签。总而言之，政府现行的税收中，没有工具对付经济波动，没有工具对付污染，也没有工具对付收入分配。支出方面也一样，社保、低保少得可怜，我们的社保支出比美国少多了。

其三，中央与地方的资源配置不合理。

未来怎么改革？第一，控制政府规模。现在痛苦的是财政部，每一笔钱都不够花。医疗、教育、社保费用不够，高速公路要补贴，高铁要补贴，铁路要补贴，财政部干什么事都被骂。这说明财政部的支出结构不合理。所以，政府规模不能再大了，增长已经太快了，这个速度不利于经济增长。

第二，政府减税。前提是必须减税，只有减税，说加税才有分量。减税多少？增值税17%的税率应该减到10%、9%，这样政府的整个收入规模就会减小。哪一块补上？污染税和遗产税。污染税用于治理污染，遗产税和增值税用于对付收入分配。花钱这方面政府应该改善，现在很多钱用在基建设施上，这有没有道理？有，但我们在低保方面做得不够，花的钱很少。

第三，2014年的财政改革应该是政府职能向中央集中。社保集中起来，失业保险、养老保险、医疗保险、社会救助都会现代化。个人所得税征收权也应该向中央集中。再有，污染治理应该垂直化，户籍管理也应该垂直化。

政府作为公共政策的制定者，应该向提供公共服务转变，华北、西北、华南、东北服务中心机构可能会演变出来。另外，应该新设立一个社会保障账户,把个人信息统一起来,没有这个信息,就做不了社会保障。为什么不用身份证号?因为身份证会被偷、弄丢。所以,必须把社会保障号和身份证号分开。总而言之,2014年财政体制改革的核心是建立现代的政府财政制度。

魏加宁(国务院发展研究中心宏观经济研究部研究员):

当前中国政府改革的突破口就是尽快成立改革协调机构,否则中国的改革肯定要走歪路,要么被部门利益左右,要么被地方利益左右。我把这件事视作真改革还是假改革的试金石,不做这件事,改革肯定走歪。

我谈几点:第一,如何评价现行的政府体制?首先,我们离一个现代国家还有很远的距离。现代国家要处理好三个关系:一是政府和市场的关系,核心是市场经济;二是政府和国民的关系,核心是民主法治;三是政治和政治的关系(中央和地方的关系),核心是地方自治。这三个关系处理不好,就不能称为现代国家。市场经济、民主法治、地方自治是现代国家最基本的三个关系,三位一体。

其次,现在政府体制存在三个问题:一是决策不透明;二是执法不公,选择性执法;三是监督的缺失,人大监督发挥的作用有多大?

第二,推动政府改革的动因是什么?我想有三个大因素:一是技术因素。IT技术、通信技术这么发达,监督政府越来越方便,不改行吗?交通这么发达,以前云南省下面有个案子,到北京得走上几个月,现在买张机票就可以到北京告状,中央政府能不改吗?二是国际因素。经济全球化,国家之间相互渗透日益加剧、竞争日益激烈,这对各国政府的管理能力不断提出新的挑战。另外是公共管理理论的创新。新公共管理理论的推出、公共选择理论的盛行、新公共服务的追求以及公共治理理论等都有力地指导和推动了各国政府的改革。三是国内因素。现在经济学界有一种共识，大部分人认为，中国经济的增长速度要慢下来。增速慢下来，财政收入肯定也要下一个台阶。财政支出这些年快速增长，而民生支出是刚性的，上去容易，下来就难了，经济将面临挑战。社会方面，公共服务差距很大，供给跟不上，满足不了老百姓的需求。同时，半市场化、半行政化政府主导的发展模式必然导致腐败蔓延，导致贫富差距不合理拉大。有人认为，腐败应该归罪于市场化改革，可回过头看，过去10年是市场化改革最慢的10年，却恰恰是腐败蔓延最快的10年。在这种情况下，光靠花钱买稳定，靠只花钱不改革的模式维稳，维稳成本就会越来越高，甚至维持不下去。政治方面，政治风险越来越大，在经济增长放缓、社会矛盾激化的形势下，政府改革的速度远远跟不上形势变化。

张小劲（清华大学政治学系教授）：

在我看来，这次改革解决了最荒唐的问题，但没有实现尽可能的合理。为什么这么说？五龙治水还是九龙治水，这么多人看着一片水域，海监部分的所有船加在一起，数量超过了若干国家船只的总和，但做不了事情。最典型的是烟台海港刮大风，5个单位出船出不去，结果一艘船沉了，这是很滑稽的现象。铁道部也一样，方案设计了很多回，但做不下去。要改的是最荒唐的，包括卫生部和计生委，早该并在一起了。换句话说，把最荒唐的改过来了，但又没有做到尽可能的合理。所以，在我看来，这次改革不改不行，最荒唐的部分拿掉了，但没有实现最合理，因为最合理的东西仍然面临很多问题。

如果不是铁道部的内部窝案，估计铁道部还改不了，以它的雄厚财力，改革难度还是很大的。人们做过比较，如此大的苹果公司，1000亿美元的现金流动，只能还掉铁道部债务的零头。从这个意义上讲，铁道部自身的为官不慎，成为改革的最大对象。科技部卫星上天、蛟龙入海，立了大功，没有理由拿下。铁道部这回撞到枪口上，刘志军窝案解决掉，不存在二次安置问题，而且每个人心里都有一个念想：我们要脱离这个贼窝，要公司化。

我们还要注意到没有改的部门本身的问题，比如大文化部这次没有实现。一个记者要采访，既要拍照又要写文字是非法的，因为这需要视频记者和文字记者两个记者证。

另外一个问题是机构合并本身并不能解决政府的所有问题，有时候部门内部的沟通比部门之间的沟通还困难，所以就存在着实现大部制之后怎么操作的问题。

撤并中还有一个问题：非正式机构和非正式功能。发改委的二级机构有200多个，5个金融类机构下设的二级机构有500多个。发改委有多少个研究局和研究院？研究院有20多个，自身政策的合理性论证已经形成了自我循环，这让我很担心。机构撤销了，但机构下面的非正式机构、非正式功能在增加。

社会篇

中国医药监管的问题与对策

社会热点

2012年4月15日,央视《每周质量报告》报道,部分胶囊生产企业使用皮革废料制造药用胶囊,这类胶囊目前已流入国内医药市场。在此之前,媒体曾报道过食品安全问题。食品和药品安全事关最基本的民生,这些问题为什么至今没有得到很好的解决?食品、药品企业的违法行为又为什么屡禁不止?主要原因在于:一是违法成本低。二是违法被查处概率低。三是地方监管缺乏"两力":没激励政策,无动力;问责不彻底,无压力。多年来,医药改革分分合合,合合又分分,其实质不过是不受约束的权力更大,卫生和药品监管的责任更小。下一步,医药体制如何改革,路又在何方?

宋华琳(南开大学法学院副教授):关于中国医药监管的问题与对策这个主题,我先讲一下中国的现状,然后从五个方面谈一谈完善的方向。

2006年的"齐二假药"事件、"安徽欣弗"事件,还有之前的"龙胆泻肝丸"事件,造成10万人受害,但法院基本不受理或者败诉。由于当时互联网不是很发达,所以这类医药事件没有像现在这样这么受关注。今天,我们关注的胶囊事件主要是一起药用辅料事件。

多、小、散、乱是当今中国医药行业的现状。中国有5400家药厂,市场规模集中度较低。2010年,上海出现"眼药门"事件,超标签范围用药,在药学界和医学界引起了很大争议。药品监管部门和药学界认为医院不能超标签、超说明用药,说明书上写了几条症状就治几种病,但医院不这么认为。说明书上增加一种症状,需要做很多实验,需要做药品审评。现实中,没有哪家医院或者哪个医生敢说从来不曾超范围用药。市场主体失序,药品监管部门很忙。这是系统性、整体性的问题,政府、市场、企业都是有责任的。

接下来,我从5个方面提出一个完善的方向,包括监管法律的修改、监管体制的完善、监管方式的创新,以及全过程的监管、合作监管。

第一,《药品管理法》责任设定模糊,需要修改。首先,距上一次《药品管理法》的修改已有10年,10年前不存在现在的药物问题和医改问题。其次,《药品管理法》的结构、框架有欠缺。比如,今天的胶囊事件,涉及药用辅料的问题。《药品管理法》第五十二条规定:直接接触药品的包装材料和容器,必须符合药用要求。遗憾的是,没有违反规定后的惩戒措施。

目前,《药品管理法》存在以下问题:对药物临床实验、药物标签说明书的规定过于简略;对药品监管机构裁量权的规定过于宽泛,惩处惩戒力度过小,法律责任设定较为粗放;在风险监管、药品监管中,召回、行业禁入、黑名单等都没有在药品信用体系里体现。所以,《药品管理法》修改中很重要的一块是法律责任的修改。要强化行为规范和法律责任之间的关联，即做什么和怎么做，如果不这么做，会有什么后果。行业禁入也要有明文规定。

美国对制药企业的规定是：如果企业犯有重罪，10年内禁止该企业再次申请新药；如果在10年内再次违法，终生禁入这个行业。"终生禁入这个行业"，不仅包括不能做经理，即使是在食堂炒菜做大师傅，也不可以。

目前，我国法律也规定：若企业违法，5年内不受理新申请。但我们禁止的往往是法人，企业可以换一个名称再去申请。另外，在监管信息并没有真正联网的情况下，行业禁入制度在现实中并没有起到作用，法律责任还需要进一步完善和创新。所以，监管法的修改不仅仅是《药品管理法》的修改，还包括相应的行政法规和部门规章、规范性文件的修改。在药监执法过程中，规范性文件也会发生重要作用。

美国的FDA网站有很多执法手册，规定得非常细。其中，关于行政执法、行政调查、行政取证甚至取证的方式等，都有详细的指南，共有600多页。在中国，不仅药品没有监管，其他行业似乎也没有监管。因此，我建议督促我们的行政机关制定这样的指南。

另外，在药品监管中有很重要的一块，即药品审评。这几年，国家药监局包括药品审评中心，借鉴国际经验立章建制，做了很多行之有效的工作。比如借鉴美国经验，建构自己的GRP（药品审评质量管理规范），实现自我约束。这些都是不错的，应该向社会公开。

第二，药品监管体制如何完善？2008年以后，国家药监局改由卫生部管理。1998—2008年期间，药监局作为国务院直属机构，有规章制定权；2008年以后，归卫生部管理，没有规章制定权，只能颁布规范性文件。如果需要制定规章，就要借助卫生部部长令的形式去颁布。其实，理想的状态是药监局和卫生部形成合力，因为药品问题不仅需要考虑监管问题，还需要考虑合理用药和药品可行性的问题。但是，这样做的缺点是，药品监管机构在《药品管理法》中重生产经营监管，轻使用监管。医院里不合理用药、违法现象很严重，但药品监管机构进不了医院，也无法处罚医院。更何况，药监局归属于卫生部，所以监管医院的不合理用药、超说明书用药就更难了。

要正确处理好医药监管与发展的关系，首先，企业是第一责任人，地方政府要负总责，监管部门也要各负其责。药品监管部门要做好风险监管、预防监管，真正确保药品安全有效、质量可靠。

其次，加强监管能力的建设。是放松规制，还是强化规制？要区分情况。现在，政府管了很多不应该管的、管了也管不好的事，但在药品、食品、核能、环境等高风险的社会领域，应该强化规制。从目前来看，规制能力不适应这样的需要，无论是从人员、技术支撑还是从信息化方面来说，都远远不能适应药品监管的要求。比如人员，美国的FDA人员有非常高的收入、非常硬的医学专业背景，在这一点上，中国有很大的差距。再比如，在技术支撑方面，美国FDA里有药品审评和研究中心，还有生物制品审评和研究中心，有几千名工作人员。而中国药品审评中心总共才100多人，一个审评员一年审几十种药，每周要审评一到两种药。美国一年才审评几种药，审评质量比我们高。

再次，监管风格。政府监管的风格应该是稳定的、一以贯之的，不能因出现公共事件或者公众情绪而变化。监管部门也不应该跟着感觉走，跟着媒体走，要有理性的判断。对高风险的药品、高风险的机构，应增加监管检查的频率。在药品中，生物制品要比化学药品风险高，生产企业、药品经营企业和医疗机构各自的风险也不一样。所以，下一步的药品监管需要体制改革、能力建设，需要形成稳定的监管风格和监管理念。在这里，需要注意一个很重要的问题，即正确理解药品监管中（包括整个行政规制中）监管权的边界，厘清政府与市场的关系。现在的药品监管、食品监管，从某种程度上来说，政府该做的没有做，不该做的却做了。在药品监管中，日常监管需要加强。但是，有些做法过了，比如药监局搞药品电子监管码，要求每片药有一个身份，来确保药品质量。这对于麻醉药品、精神药品等还可以说得过去，但所有药品都使用药品电子监管码，恐怕没有考虑到成本和收益的问题。所以，戒除运动式的监管，构建起成熟、理性的药品监管，还是很有必要的。

第三，监管方式的创新。《行政许可法》规定：凡是市场能解决的、行业协会能解决的，就不用行政许可。所以，我们要对许可权进行规范。

比如标准问题。我们的标准严重落后于《美国药典》《欧洲药典》和《日本药局方》，我们采用的不是国际最新标准。中国的药品标准并没有真正把药品安全风险和药品评价的结果考虑进去，在我们的标准中，没有一个是完整的标准。这次辅料事件也暴露出这样的问题。所以，需要不断改进标准，需要建立一套完善的药品标准机制。

还有药品标签和说明书的问题，我们的药品说明书往往是报喜不报忧。药品生产企业的说明书要有警示责任，要完整、全面地披露药品信息，不仅是正面作用，还应包括药品的不良反应、药物之间产生的相互作用、药品的禁忌等。药品生产企业有义务根据上市后的药品所产生的不良反应，及时修正药品的说明书。

对于事后监管，除了行政处罚外，还要考虑用召回的方式。这次卫生部就召回了很多问题胶囊。我认为，是否可以采取一种柔性的方式，比如建立药品安全的信用体系，进行信用评级，包括在药品监管中引用惩罚性赔偿。同时，还需要考虑药品出现问题时，行政责任、民事责任和刑事责任之间的衔接。2011年,《刑法修正案(八)》颁布了,有关生产假药的罪名也有了相应的变化。根据《药品管理法》第四十九条的规定:劣药包括直接接触药品的包装材料和容器未经批准的、擅自添加辅料的、不符合药品标准规定的药品。这次毒胶囊事件涉及的就是劣药。既然是劣药,根据《药品管理法》第七十五条的规定,应对生产劣药的企业进行行政处罚,构成犯罪的,应追究刑事责任。追究谁的责任?上游企业是工业明胶生产企业,中游企业是胶囊生产企业,最后是药企。

  第四,要按照药品的生命周期和医药行业的生命周期,对药品研究、开发、审评的全过程进行监管,包括化学实验室的研究、药物临床研究、药品审评、药品上市后的监管。现在我们的药理研究做得不够,也非常不规范。在药物临床实践中,应该加强对试药者的保护,围绕药品生命周期来建构一个无缝隙、全方位的监管网。要关注试药者的权利,既然是试药者,就应该免费给他们药,不要收费。另外,还应该给试药者买保险,确实保证他们的权利。现在,北京有很多大医院招募受试者,其中大多数是没有钱的人。试验时,这些人胳膊上没有地方试,就在臀部扎针。15分钟、半小时、1小时、2小时、8小时、16小时、32小时、64小时,按照半衰期来测血药浓度。1998年、1999年时,试验一针才给他们15块钱、20块钱。这些试药者身体内的药物已经相互作用了,用这些人来做试药者,试验还有意义吗?这一现象应该如何来规范?

  这次的胶囊事件主要是生产问题。欧盟有一个药品主文件(Drug Master File),主要作用是对药用原、辅材料进行备案。1998年,中国取消了化工部,但行业自律、企业自管没有跟上,所以现在化学品没有相应的部门去监管。在这种情况下,应该强化企业责任,实行药用原、辅材料备案制度,明确药品生产企业和原、辅材料生产企业之间的关系以及各自的责任。说实话,《药品管理法》不能调整明胶的使用,但作为药品生产企业,进货要进行审计。国外有一套行之有效的成熟规定,遗憾的是,中国没有,药监局只有一个规范性文件在尝试。所以,药品生产、药品经营的监管,不仅包括上市前的监管,还包括上市后的监管(涉及药品评价、药品不良反应报告)。如果发现药品出现问题,要及时报告相应的卫生行政部门、药品监管部门,及时进行信息公开,让老百姓了解。现在出现问题后,企业只在自己的网站上公布情况,好多人又不上它们的网,所以不可能了解情况。针对这类问题,应该怎么办?

第五,如何建构一个符合中国国情的合作式的药品安全治理网络?政府、企业、行业协会、医疗机构、媒体、专家应该合作,形成合力。

这涉及工业明胶生产企业、药用胶囊生产企业、药品生产企业。《药品管理法》的第二章是药品生产企业管理,第三章是药品经营企业管理,规定企业是第一责任人,但很多人认为政府才是第一责任人。我认为,行政权很重要,但它不应该冲锋陷阵在第一线,而应该在第二位。一个药品出问题,对人造成伤害,药品企业要负首要的侵权责任,政府负国家赔偿责任,负次要责任。药品质量不是监管出来的,而是生产出来的,与药品生产、经营企业相伴而生。西方有一句话叫作"以管理为基础的监管"(management-based regulation),监管应该以企业管理为基础,企业自律和政府监管相结合。那企业如何自律?应该强化企业作为药品安全第一责任人的意识,企业生产应该符合药品标准,药用的原、辅料必须符合药用要求以及相应的规定。

根据《标准化法》,应该鼓励药品生产企业制定更高的标准。我们的标准不是90分的标准,是60分的标准。西方鼓励企业创造70分、80

分的标准，中国是40分、50分。医药企业要细分，应该发挥企业在市场经济中的主体地位。今天在中国发生的药害事件，其实在100多年前的美国也发生过。美国在1906年之所以颁布《纯净食品和药品法》，就是因为厄普顿·辛克莱（左派作家）写了一本书《屠场》，其中有12页篇幅描述了美国食品加工污秽不堪的状况，这本书在一年之内被重印多次。1938年，美国又颁布了被全世界称为典范的《联邦食品、药品、化妆品法案》。美国颁布这样一部法律，和磺胺的出现有关，当时磺胺被认为是化学制药业的一次革命。磺胺很苦，小孩子吃不下去，就做成了磺胺酏剂，结果以二甘醇冒充溶媒，造成107人死亡。这107人死亡后，公众非常愤怒，但根据当时的法律，只能对涉案企业罚款几万美元。也许今天中国的药害事件是一个国家在工业化、城市化、全球化进程中出现的，而且中国的药害事件的风险有前现代的，也有后现代的。不要以为今天的药害事件更严重，其实我们的药品合格率在逐渐提高。20世纪80年代，《人民日报》有关整治假药、烧毁假药的报道比比皆是，只是那时候没有互联网而已。另外，在高风险社会，我们无法认知吃药的副作用或者内源性风险。

应该强化行业协会的药品监管作用，让协会真正成为桥梁和纽带，引导企业合法经营，引导消费者合理使用药品，推动行业的诚信建设。

医疗机构该怎么用药，《药品管理法》没有规定，规定的只是医院配制制剂，剩下的没有什么规定，没有规定法律责任。2010年上海发生"眼药门"事件，卫生部、药监局甚至更高层很关注，但到目前为止，没有行之有效的防治方法。

再者，学者、专家应该发挥什么样的作用？在药品监管中，我把专家分成自然科学专家和社会科学专家。自然科学专家在药品监管中更重要，比如药品检验、药品审评。如何建立合理的、科学的专家执行机制？在药品研发过程中，需要请优秀的专家来审评。专家审评程序的规范，需要社会科学专家理性参与药品监管的政策形成和研究。从行政法的角度来看，要建立一个专家咨询的机制。

最后，媒体很重要。在这次事件中，我们应该反思：为什么大量的药品安全、食品安全事件是媒体首先发现的？媒体成了侦察兵，做了监管部门应该做的事。当然，媒体应该客观、理性地报道事件，不刻意迎合民粹的想法，因为愤怒的情绪会把风险放大一万倍。今天的胶囊事件，是否也会有这样的危险在里面？

总之，药品监管法律应该修改，监管体制应该进一步完善。药监部门一方面要加强监管能力的建设，另一方面要有所为、有所不为，不要去干预药品市场的微观运营和管理。同时，应该引入行政许可标签说明书、认证等方式，包括事后的行政强制、行政处罚、药品召回、药品信用体系和一些灵活的、新型的管理方式。通过对药品研究开发、生产经营、使用、广告等全过程进行管理，通过政府包括媒体（媒体可以起到很好的风险交流作用）对风险的宣传，理性地告诉老百姓究竟发生了什么。要发挥专家的咨询作用，真正让协会成为协会，让企业成为第一责任人，通过合作治理的网络，不断健全和完善药品监管，保证药品安全。

思维共振

高秦伟（中央财经大学法学院教授）：

我主要结合食品方面的监管来讲：

第一，我同意宋老师的意见，生产企业在整个食品、药品安全事件中是第一责任人。在食品、药品监管过程中,出了问题,不能一棍子打到政府身上。我认为:生产食品、药品的企业更应该流着道德的血液。

第二,出现问题以后,媒体、学者以及公众要有理性,无论是监管部门还是行业协会,都要告知公众这里面到底存在多大的问题,消除公众的恐慌。

第三,要全面推动法律法规甚至规范性文件的修改,建立一个FDA,或者建立一种比欧洲的一些食品、药品监管机构更细致的监管方式或者监管工具。这样,既能够抓高风险品种的监管,又能够把重心或者监管的触角扩展到胶囊生产企业,建立一个多部门协调的监管体系。

第四,目前的食品、药品问题是中国转型期的缩影,各个行业都有黑心肠的人,解决这个问题,要开一张系统的药方。在系统治疗或者顶层设计时,领导人要带头讲真话。

李微敖(《财经》杂志资深记者):

在谈到政府责任时,我不相信一个政府机构的官员会对自己辖区内的企业明显造假不知情,这是不可想象的。所以,我认为政府肯定要承担责任。类似事件曝光从后,政府应该如何对企业进行处置?我亲历的一个案例是,2011年10月,四川省卫生厅药监局进行了一次新农合药品的招标,企业家把没有药准字的产品塞进了药品目录,当时有很多专家质疑。四川省省长对此虽有严厉的批评,但据我所知,四川省卫生厅药监局和企业都没有受到任何审查和处理,此产品仍然存在于目录中。

迷惘的青春
——转型时期的青少年犯罪与保护

社会热点

嫖宿幼女案在各地时有发生，这不仅是一个犯罪问题，更深度的问题是转型时期青少年自身的迷惘和社会的迷惘。我国未成年人犯罪的现状是：1999年的犯罪人数是4万，2008年达到了8万。未成年人犯罪存在以下特点：第一，低龄化；第二，文化程度低；第三，暴力型居多；第四，团伙化趋势。另外，未成年人犯罪比例在逐年提高，从6%多提高到11%多，其中留守儿童犯罪占一定的比例。北京市房山区法院公布的资料显示，2009年的未成年人犯罪案件中，留守儿童的犯罪案件占六成。所以，医治和防范未成年人犯罪，首先要医治成人和社会，其次要医治青少年的心病。因为青少年犯罪基本上是由社会问题导致的，而非青少年本身的问题。

皮艺军（中国政法大学青少年犯罪与少年司法研究中心主任）：我从两方面来讲：一是谈现状，二是谈青少年犯罪和少年保护的认识误区。

转型时期，无论是在经济上还是在文化上，反应最快的是孩子。青春期的孩子的心理特点是敏感，对外界的反应是最快的。改革开放以来，青少年犯罪率飙升。在青少年犯罪中，最引人注目的是暴力犯罪。我举个例子，几个中学生为了筹钱上网，把一个出租车司机绑在车里，堵上嘴，然后找个地方就把人给埋了。如此残忍，难以相信是几个中学生所为。他们到底是生性残忍，还是受文化的影响，有待于我们进一步的研究。这种暴力事件的发生，让我们看到了孩子的暴力心理和冷血无情。

现在，少年犯罪中的"物欲性"动机很强。以前少年犯罪无非是一种游戏，"少年犯罪无预谋"是国际公认的，这种游戏性的行为方式是没有物欲性的。青少年犯罪是戏谑型的——仅仅是因为觉得好玩，比如青少年拿刀上街扎人的原因是"刚磨了一把刀，想试试快不快"。对于这种动机，成年人无法接受，但对于孩子来说，他的人生正如他的犯罪一样，游戏性在其中是特别重要的。当我们进入商品化社会后，孩子们的物欲动机在不断强化。当然，除了"暴力""物欲"因素之外，还有"性"的因素。虽然"性"的因素在少年犯罪中并不是很突出，但少管所有很多少年强奸犯。比如一个男孩跟一个女孩谈恋爱，发生性关系已经一年多。突然有一天，男孩和朋友们喝了酒，一起轮奸了女孩。女孩回家后，觉得自己吃亏，就告了他们。于是，他们全成了强奸犯。

在司法制度上，我们没有一套独立的、区别于成人的少年司法制度，所以我们无法用一种独特的视角去观察。在中国，青少年犯罪就叫作"青少年犯罪";在国外,青少年犯罪有专门的词。虽然同是犯罪,但青少年犯罪和成人犯罪的罪名是不一样的。

关于嫖宿幼女罪,我不知道是哪位立法专家定了这样一个罪名。"嫖宿"该如何定义?是不是给钱了,就合法了?我不清楚为什么要取这样一个罪名。"嫖幼"其实就是"奸幼"。我去澳大利亚时,一个澳大利亚的"中国通"法官告诉我,澳大利亚有些男人非常坏,他们到中国去猥亵男孩,因为中国的强奸罪针对的是女性被害人,猥亵男孩不会被定罪。所以,他建议我回来赶紧跟立法者呼吁一下。

对于孩子的教育问题,比起其他国家,中国人在思想和观念上存在着严重的混乱。我曾经写过一篇文章,题目是《应试教育就是去势教育》。有人说,中国最有能力的文化是太监文化。应试教育去掉了孩子的天性,甚至把男、女生性别上的美感也去掉了。比如,中学生一律必须穿校服,目的就是免得他们产生性别吸引。

中国对青少年犯罪的基本定位就是把青少年作为打压的对象。1979年的方针认为,我们这个社会就不应该存在青少年犯罪,以为通过治理、严打,就可以把青少年犯罪的现象消灭,但现在可以看到,青少年犯罪是社会中的常态。文明所需的土壤和犯罪所需的土壤是一致的,比如,土壤中存在的要素——开放、变动、改革、转型、人财物的大流动、个性的解放、个性的张扬。所以,是否应该用一种客观、理性的方式看待青少年犯罪?现在动不动就提出"法盲犯罪"的概念,说青少年不懂法律,要进行知识性、机械性的普法,用知识竞赛的方式普法,非常不妥。普法教育应该是法治的教育、规范的教育,是底线价值的教育,但我们的社会对此有一种误认。

《北京青年报》上曾经赫然出现了一个大标题:未成年人被赋予了4项权利。未成年人本身就具有权利,需要赋予吗?参与权,孩子能参与什么？有多少孩子能参与校规的制定？《儿童权利公约》的明文规定有50多条，包括言论自由等。我在全国人大上提出，为什么不能有儿童利益最大化原则和优先原则？人大把优先原则采纳了，利益最大化原则没有采纳。副委员长说，中国国情满足不了孩子这么多权利。也就是说，给孩子的4项权利也是空的，谁也不知道那4项权利是什么。从这里可以看出社会对于儿童权利的基本看法。

中国有三个群体保护法，《老年人权益保障法》《妇女权益保障法》都有"权益"二字，但《未成年人保护法》没有"权益"二字。对此，可能立法者认为，他们不是独立的主体，因此他们没有权益，"权益"二字也就没写上。我想说的是，难道我们只需保护青少年的肉体，像动物一样把他们养大，其他方面就不需要保护吗？由此可见青少年权利保护的重要性。

新《刑事诉讼法》中涉及未成年被告人的权利保护方面的内容有11条，其中有附条件不起诉、前科消灭制度、减少羁押等。我曾跟最高院的有关人士提到，少年司法跟成人司法在本质上是有区别的，不仅在"性质""量"上有区别，在"从轻"和"减轻"上也有区别。在这11条中，有一个基本原则：教育为主、惩罚为辅。这是什么原则？保护未成年人正当权利的条款，为什么连一条都没有勇气写进去？

目前，从专家的层面来看，少年司法的基本理念也是非常混乱的。比如少年司法专家姚建龙在他的书中提到"双保护原则"，即社会和儿童权利双保护。提"双保护原则"是可以的，问题是：两者发生了冲突怎么办，如何去保护儿童权利？当儿童权利跟成人社会发生冲突时，成人社会必须为它做出牺牲。我们愿意为此做出牺牲吗？

中国有一个"恤幼"的传统，前人决定社会的价值走向。在少年司法研究层次的最高层，包括立法专家在研究少年司法时，一定要有原则，没有原则，我们在具体的实务中就很难操作。比如，一个女孩为了得到一包化妆品，帮别人带摇头丸，结果被抓，判了15年。从这件事上来看，女孩纯粹是虚荣心作怪，为了一包化妆品，被判15年。警察说这已经是"从轻"了。新《刑事诉讼法》中强调"教育为主、惩罚为辅"，我认为对于未成年人应该是"保护"，而不是"惩罚"。有人说，把他关进监狱是保护性惩罚。试想把一个孩子关进监狱，是对社会的保护，还是对孩子的保护？哪个优先？对于主观恶性、危险性大的孩子，必须把他关起来，关起来对他好，对社会也好。这才叫儿童利益优先。《刑诉法》中的表述基本上是为成人社会着想，孩子是其次。

记得在一次研讨会上，我问很多人：儿童利益优先怎么解释？他们说，就是在保护社会的前提下保护儿童。说完后觉得不妥，怎么解释都不通。其实，这一条是比较难理解的。现实中公检法对于孩子的取保候审，包括缓刑、假释，往往参考成人司法，低于职务犯罪的标准，就叫保护了。这完全是成人司法。我曾就青少年保护问题问过很多青少年犯，有"资深"的、在少管所里待了很多年的少年犯。他们说，这哪是什么少年保护，分明判的跟成年人一样，除了不判死刑，其他完全是按成人标准。

理念是对实操的指导，实操是理念的实现。中国少年法庭圆桌审判，看起来很好，其实最后还不是一个孤零零的未成年人对抗强大的社会机器？大家看美国的庭审，律师始终跟孩子在一起，他知道孩子会吓得发抖，他要在旁边做孩子的支撑。这一点我们不如人家。当我们大谈什么保护青少年权益时，从根本理念上想通、想明白没有？

新《刑诉法》把减少对未成年人的拘禁、审前羁押、拘留写进去了。国外有一个原则，就是把拘禁（包括拘留和逮捕）当作一个迫不得已的手段，所有警察、检察官和法官都会注意这个原则。少年司法中应该遵循"重重轻轻"原则，所谓"重"是指犯罪主观恶性重、危险性重。少年司法不是以结果判刑，而是以原因，我们的社会调查制度也强调原因，而不是结果。美国有一个著名的刑事政策，叫"三击不中出局"——孩子犯罪三次后，才对他有一个严厉处罚，给孩子一个机会。

最后，我想谈一下对少年权利的理解。每次谈到这些话题时，总有人说我是老愤青，其实我不是。愤青应该是比较天真、仅有一腔热血的，比如《皇帝的新衣》中的那个小男孩，现实社会中这样的愤青太少了。从这里可以看出一个问题，即怎样看待法律。我认为，我们的法律应该是有灵魂的，这个灵魂就是对特殊群体的特殊关照。可以想象，如果法律没有灵魂，那么这个社会就丧失了童心和天真，而社会是需要这样的童真的。最后，我希望全社会都能对青少年的问题给予足够的关注，也希望大家在这方面有更多的体会。

思维共振

王平（中国政法大学刑事司法学院副院长）：

有一句名言说得好，没有宽恕就没有未来。也就是说，没有对未成年人的宽恕，就没有社会的未来，没有人类的未来，一个国家也不会强盛。"少年不强则国家不强"，社会就没有希望。所以，保护未成年人、保护青少年，在很大程度上我觉得应该用"宽恕"两个字。"保护"有主动出击的意思，"宽恕"有一点放任的意思，让他们有独立、自由的思维。对于未成年人的越轨行为，我们应该从更高的层次来理解。下面我谈谈青少年成长期存在的问题。

第一，我国规定九年义务教育，规定15岁以下的孩子应该在校学习。有关资料表明，大多数问题儿童、被害儿童甚至违法犯罪的儿童，留守也好，流浪也好，并没有在学校里上学。"十二五"规划中提出7%的收入用于教育，这些钱是否真正用到了教育上，用到了这些孩子身上？让这些孩子纳入学校的教育系统，这是一个问题。

第二，中国人特别看重孩子的成绩，而对孩子的其他方面不太重视，比如孩子的心理问题。在现代民主、法治、自由的意识下，缺陷越来越明显，孩子的成长是单向性的。学习成绩好的孩子会被重视，学习成绩不好的孩子容易被排斥。还有一个问题，中国的孩子学习成绩好，为什么拿不到诺贝尔奖？我想主要是我们的孩子缺少独立、创造的意识，好奇心被泯灭了，这是学校教育的问题。

第三，法律上对青少年的保护。我国刑法一直对未成年人犯罪有所关照，对于14～18周岁的青少年，基于不同程度的罪行有不同范围的优待，比如不判处死刑，包括不判处死缓，一般情况也不判处无期，这都是优待。如果被害人是未成年人，反过来对犯罪人的量刑要加重，这也是一种双向的保护。但实践中是否一直能做到，这很难说，有的是观念的原因，有的是制度本身的原因。我们现在的制度设计对未成年人保护和宽恕的空间还是有的，不能说司法工作者没有仁爱之心，主要是在框架内受到限制。这些问题需要我们进一步厘清，对制度的设计可以专门探讨。

卜卫（中国社会科学院新闻与传播研究所研究员）：

我们谈保护青少年，更多的可能是出于维稳和减少犯罪的考虑，但我认为，我们的根本目的应该在于青少年权利的实现。现在我们对青少年进行性教育的目的是防范少女怀孕，防范艾滋病泛滥，以及防范其他一些性犯罪，就是不提保护青少年的真正权利。我们的性教育或者所谓的法制教育，实际上是对青少年更多的控制，而非赋予他们更多的权利，这一点值得注意。

儿童暴力大都发生在私人领域，比如发生在家庭、监护机构、学校对儿童的管教过程中，不被人们看作一个需要解决的问题。暴力和打骂经常被看作一种教育手段，这实际上已经使对儿童的暴力自然化和合法化。

前面提到嫖宿幼女案，从媒体不断曝出的此类案件中可以看出，很多犯罪是人在运用权力，大部分是男性对女性，或者说是有权者对无权者的一种暴力。还有一点也比较重要，孩子在家庭中目睹监护人之间的暴力，称为"目睹家庭暴力"，我们也试图把这个写到家庭暴力防治法里。

学校暴力，是教师对儿童施行的躯体暴力。另外，还有社区暴力等。据调查，多数儿童在成长过程中都有受暴的经历，而且在城乡接合部和流动人口集中地区，会有更多的儿童暴力。2008年，我们对河北少管所的1000个孩子做了调研，一半的孩子遭受过父亲的徒手殴打，36%的孩子遭受过器具的毒打，这都是非常厉害的暴力。当我们把暴力展现在孩子们面前时，其实就已经教给孩子们如何使用暴力了。现在，我们又来指责他们，说他们不够好，他们犯罪了。所以说，这是一个很恐怖的社会，谁有权、谁身体强大，谁就可以控制别人。这是暴力的本质，实际上是对儿童人权的侵犯。

权力结构不平等是暴力发生的根本原因，就看谁更有权力，比如家庭中父母和孩子不平等的关系，学校中教师和学生不平等的关系，社区中大孩子跟小孩子不平等的关系。总之，有权的人会拥有更多的控制权。我们说反对针对儿童和青少年的暴力，不是反对家长、教师、大孩子，而是反对强权关系，因为正是这种强权关系造成了暴力的合法化和自然化。当谈到暴力问题时，我特别希望大家把它当作权利问题，当作儿童、青少年的人权问题来谈，大众媒体在报道时要特别注意采用这个概念。总之，只有社会没有暴力，特别是没有针对儿童的暴力，才是对儿童真正的保护，才是在尊重儿童身体和心灵基础上的保护，这种保护是对儿童最大的保护！

农民"被上楼":中国特色的"村庄合并"?

社会热点

中央十六届五中全会提出要"搞好乡村建设规划,节约和集约使用土地"。2004年,中央一号文件提出要"积极稳妥地调整乡镇建制,有条件的可实行并村"。2006年,中央经济工作会议强调,要建设新型的社会主义新农村。2008年,中央一号文件提出要治理农村人居环境,搞好村庄治理,节约农村建设用地,发展小城镇和县域经济,促进农村基础设施和公共服务建设。在土地合并的政策环境下,中央实行大部制,地方实行大村庄制。从目前来看,大村庄制等于村村合并。虽然大村庄制不错,但"消灭小村庄"真的有必要吗?农民到底需不需要实行村庄合并?

一些地方撤村圈地发了财,而失地的农民"被上楼"。撤村换取建设用地,实际上是为了把土地给换出来。利用政策"曲解"生财途径——先借后复垦,即城乡建设用地增减挂钩获国土资源部批准,得到"借"的指标后,3年内以复垦的耕地"归还"。一些地方权力和资本"合谋",拿走农民宅基地转化后的增值收益。农民住进了被选择的

"新农村",过着被产生的"新生活"。有专家指出:这是一次对农村的掠夺,强迫农民上楼,取消自然村,与法治精神相违背,给农村社会带来了巨大的负面影响。地方曲解民意强拆,其土地财政冲动愈发高涨。

党国英(中国社会科学院农村发展研究所研究员):我认为迁村并居要规范,不要禁止。为什么这么说呢?因为有的村庄已经变成空心村了,尤其是山区,平原地区可能好一些。在工业发达地区,村庄在不断扩大,而农村的居民外出打工的越来越多,农村留守的人越来越少。在农民人数变少的情况下,村庄的地盘还在不断扩大。所以,迁村并居的确是有必要的。

第一,从长远看,中国农民的大部分村庄必须改造,农民也有必要改善自己的居住条件,否则,中国的城乡二元结构就难以消除。调查表明,农民非常渴望改善居住条件,如果费用合适,农民喜欢住在基础设施比较好、以低层楼房为主的新社区。如果农民居住在旧村庄,尽管房屋的占地面积比较大,但多出的宅基地并不能成为"货币化"的收入,对农民生活水平的提高无所裨益。至于脱离农业的农民,则更愿意居住在城市。

我国农区的村庄有50多万个,要消除二元结构,就要对这50多万个村庄进行改造(自然村的话,有300多万个),改造的成本的确非常大,而且也是不可行的。按平均每个村庄200人左右来算,农村常住人口是7亿多,如果基础设施要达到城市的标准,可能要投下去20多万亿元资金。再者,农民搬家以后,新家占地200平方米,放弃的宅基地是400平方米,集中以后的土地价值要比集中以前的土地价值大。不搞集中的话，原来的400平方米不能货币化，没有货币化的收入，就不能真正给农民带来福利。搬新家后，农民原来的宅基地的价值就显现出来。据我们调查：农民自己尤其是脱离农业的农民，是愿意上楼的。有些媒体说农民不愿意上楼，如果你给农民一套长安街上的房子，你看他愿不愿意上楼。但是，如果农民已经在村庄里盖了两三层的小别墅或独栋房子，然后你在500米外搞集中小区，让农民上楼，即便你给他两套房子，他也不愿意。集中小区，如果基础设施跟不上，确实也是非常麻烦的。所以，农民愿不愿意上楼，一定要具体情况具体分析。上楼还是不上楼，让农民自己说了算。

第二，现在农村越来越多的农民已经不能算是真正的农民。虽然有的农户还在经营小块土地，但因为专业化服务的原因，他们大多已经不再用大型农具了，也不用农产品仓库；多数农民已经不散养牲畜。所以，集中居住在小城镇并没有什么大问题。

据了解，我国每年进城打工的农民约有两亿，留在农村的农民差不多也是两亿。所以，务农的一部分、出去打工的一部分、留在当地不务农的一部分，基本上各占三分之一。长远来看，务农的比例还在不断缩小。所以，越来越多的人算不上是真正的农民了。不是农民的这些人，能不能住独栋房子？不能说不能吧。但是，住独栋房子又确实存在很大的问题。2008年，我在全国跑了很多个村庄，走了七八个省，只在湖北当阳的农村看见有的农民还在散养猪和鸡，在别的地方很少看见。当然，全国有50多万个村庄，我只走了20多个村庄，总体感觉是散养猪、鸡、鸭的农民越来越少了。脱离农业的这些人，的确是不需要农产品仓库之类的。这些人集中上楼，在技术上是没有问题的。

第三，总体来看，村庄整治（主要是增减挂钩政策的实施）能提高农村土地利用效率。据国土资源部提供的数据，一般农用地整理可新增耕地5%～8%，如果结合村庄整治工作，可新增耕地10%～15%，农田产出率可以提高10%～20%。根据国土资源部的数据推算，通过村庄用地整治（包括村民搬迁后复垦村庄占地等），相关区域可新增耕地5%～7%。这还只是一个保守的估计。所以，增减挂钩产生的经济效益是巨大的。另外，按官方统计的数据推算：我国城市建成区平均每亩土地可产生GDP约50万元，而每亩土地的边际GDP产出近年来明显上升，2008年约为225万元。假设未来20年，中国经济按9%的速度增长，假设土地的边际GDP产出不发生变化，那么20年后，经济建设对土地的需要累计不会超过7300万亩。村庄闲置土地为1.1亿亩，假如考虑到现有部分农村居民还要集中居住的情形，全国村庄整治后，可节约土地达1.5亿亩，扣除城市建设用地，可新增耕地7700万亩。新增建设用地7300万亩，最终全部用来发展城市经济，每年可新增GDP164万亿元。当然，这只是一种远景估计。无论如何，通过村庄整治，所谓城市建设用地短缺的问题可以解决。所以，我认为，耕地增加的意义非常重大。对于一个人口大国来说，耕地越多越好。

耕地增加了，耕地质量会不会有问题？我们调查的数据，要比国土资源部的数据乐观。茅于轼的18亿亩耕地观点在学术圈很有影响，但我不太同意。我认为问题不在于18亿亩还是19亿亩，而在于保护耕地的必要性。我主张保护农地，并非是说保护18亿亩耕地，而是说保护50亿亩农地，包括林地、草地、湿地。

第四，村庄整治引起的农村居民集中居住，还会带来投资需求。根据近年来我国城乡人口变动的趋势计算，今后20年，由农村转移到城市的人口约为3.26亿。我曾尝试利用现有统计资料估算这些人口进城后，对中国投资的拉动作用。有一点很清楚，这部分人口约为中国现有城镇人口的一半，这部分人进城后，至少意味着中国的城市总规模将再增加50%。即使不考虑人均投资水平的增长和资本系数（总资本和总产出之比）的提高，也意味着今后20年，中国将继续保持强大的经济增长动力。

我们缺地，但我们根本不缺建设用地。上海的经济密度最大，最应该缺地的地方都不缺地。简单一句话，全国都不缺建设用地。我们的城市不缺建设用地，缺的是低成本开发的用地，比如被废弃的地，希望低成本扩张。在经济扩张的过程中，虽然不缺建设用地，但地方政府为了低成本发展经济，还是倾向于增加一些建设用地。等时机合适以后，可以把城市里浪费的一些地搞成绿地。

第五，农民迁居新区以后，精神面貌和社区治理结构都会发生变化，有利于推进基层民主政治的发展和社会稳定。根据我的调查研究，传统村庄易结成以家族为纽带的力量，常常酿成难以通过法制途径解决的事件。与之比较，虽然城市生活也会有利益摩擦，但通过法制途径解决问题的可能性比较大。所以，乡村居住结构变化对社会稳定有积极意义。

农民迁居新区以后，精神面貌和社区治理结构都会发生变化，这是一个比较虚的说法。在这里我想多说两句，我花了很多时间关注我们国家的乡村治理。我对于乡村治理有一个突破性的想法，即中国要把乡村治理转化为城市治理。如果不能城乡基本公务服务一体化，所谓的城乡基本公共服务平等就无法解决。所以，我们要解决城乡二元结构问题，把乡村治理转化为城市治理，把农民称为"城外市民"。我认为，这是必经之路。不能老把乡村治理和城市治理当成两个问题来研究，现在全国不知道养了多少学者和机构来研究这个问题。我认为，村民自治成了政府推卸对农民责任的一个借口。什么叫村民自治？就是一事一议，公共服务自己投入。结果，一事一议根本落实不了。因此，乡村治理的问题值得反思。通过乡村治理，让该进城的农民进城，进了城以后，要把中国所有的治理称为城市治理，剩下的少许农民是城外市民。我曾收到过一位美国农民的名片，名片上写着某市某路几号农场主。可以看出，他们没有乡和村的概念。当然，我们要这样做，还需要一个过程。到那时，所有的公共活动都是城市生活的一部分，只是农民不住在核心区罢了。这样，农民既享受了城外生活，又拥有了市民待遇。

尽管迁村并居是必要的，但从目前来看，乡村治理的确存在很多问题。

第一，长官意志、一刀切。在各地调研时，我感觉最突出的问题是专业农户不适合集中居住，但现实往往一刀切。比如江苏镇江18个村一起被灭掉，在城边搞了一个1万多人的集中小区。我觉得这样也好，因为集中度比较高。但是，我认为专业农户不适合集中居住。江苏本地的人自己不种地，靠来江苏的河南农户种地。河南农户在此大面积承包土地，把地抹平，进行耕种，自己只在地头上搭个窝棚来居住。所以说，社会主义新农村反而让农民住窝棚。

第二，新建集中居住小区水平参差不齐。我在东北了解到，几个村搞了一个集中小区，最大的问题是：基础设施上不去。没有脱离农业的农民住在那儿不合适，脱离农业的农民住在那儿也不安心，因为他们想住城市，而且还有就业、孩子上学等诸多问题。2010年国务院发展研究中心的研究，我认为很好，小城镇不能盲目推行，一定要有产业支撑才可以。搞几千人的小区麻烦更多，这些人存在上班、就业问题。在印度，也曾有过这种集中小区的情况，结果农民都不去住，因为有些人要在市区上班。

第三，利益分配不合理。利益分配有些地方合理，有些地方不合理。上楼以后的成本比住旧房子的成本高。分配不合理，导致了很多利益摩擦。

所以，迁村并居工作必须加以规范，需要做到以下几方面：

第一，在村庄整治、实行集中化居住过程中，一定要尊重农民的意愿。一个地方的迁村并居，哪怕对农民有再大的好处，只要农民想不通，就不要强制。一户农民，10年不愿意搬家，就10年不动他，即使政府给了他很大的补偿。

第二，不要搞"搬净赶绝"。我一再强调专业农户不适合集中居住，但愿意听我意见的地方官员不多。根据我们的调查，尽管大部分农户愿意进城过城市生活，但专业农户是不会选择进城的。而一个农户会不会成为专业农户，需要一个过程，农户很难在短期内下决心做专业农户。只有尊重农民的意愿，特别是不去强制那些游移不定的农户搬离村庄，才能为专业农户的成长创造空间。

有些地方官员说，你说专业农户不适合集中居住，我不知道谁是专业农户。我跟他们讲，慢一点就知道了。慢一点的话，土地就会流转，集中到少数人手上，留下的这些少数人就是专业农户。不要"三年大变样"，我认为，东部地区10年、中部有些地区20年、全国30年解决这个问题就可以了。当然，少数地区5年就可以解决，比如长三角、珠三角；山东德州这样的地方，10年差不多。10年、20年的时间，是可以发现专业农户的，太快的话是发现不了的。专业农户不要搞集中，有些国家的立法中规定专业农户要住在农场，这是有道理的。

第三，新建集中居住小区的设计、建造不可马虎，要从长计议。从我的观察来看，一些新建集中居住小区城不像城，村不像村，农民住不合适，脱离农业生产的居民最终也不喜欢，迟早会逃离这样的小区，造成投资浪费。新建集中居住小区应该按照城市标准建造，哪怕慢一点，也应好一点。还要懂得，脱离农业的农村年轻人今后大多会选择各类已有城市，留在新建集中居住小区的主要会是一些农业服务领域的劳动者。所以，小区也不要建得太多，不要到处建小区。应该在一个较长的时期内，让脱离农业的农民逐步离开农村到城市。

我不赞成几个村搞一个小区，摆在那里让大家去参观，这样很糟糕，迟早要废弃。怎么解决这个问题？要有一个自然的过程，希望农民真正自愿搬，自愿选择。

第四，增减挂钩政策还是要坚持，指标甚至可以扩大，试点范围也可以扩大，可以由县扩大到市。需要管束地方政府不好的做法，我主张"双挂钩"。可以考虑再执行一个挂钩政策。一个城市，经济密度大，挂钩指标就多一些，经济密度小，指标就少一些，以鼓励各地提高存量土地的利用效益。在这个问题上，国土资源部管指标是对的，但有些地方把指标用多了，超用。中央政府称之为行政能力低，这件事我们需要另说。

第五，山区更不要过分强调集中居住。目前，我国农村移民趋势和村庄衰落趋势，山区甚于丘陵地带，更甚于平原地带，形成了山区建设用地的更多浪费。中国现有山区农户5000多万户，其中约一半农户的居住地可开发高档山区住宅，以满足"逆城市化"进程中高档住宅开发的需要。当然，现有的法律法规不允许农村建设用地向社会开放，阻碍了山区土地开发，致使高档住宅（别墅等）建设在平原地区，占了大量优良耕地。这些早有修订的必要。我认为，在严格规划的前提下，适度开放山区的房地产开发，是一件利国利民的好事，应该考虑放行。

现在北京的山区开发做得很多，条件好一点的浅山区开发到处都有。我认为，与其到处都有这样的浅山区开发，还不如承认这种做法，然后加以规范。我们可以把全国最有钱的2000万户人放到浅山区去搞别墅和独栋房子。把富人放到山里是有道理的,让他来规划,让他来修路,同时让他把这块地也开放了。说白了,就是穷人进城,富人进山。这是我们需要考虑的集中与分散的问题。

总之,我认为迁村并居的方向是对的,不能因为执行力低,就不去做这件事情。

思维共振

郑风田(中国人民大学农业与农村发展学院副院长、教授):

我用几句话概括灭村运动的内容:

第一,灭村运动是"要地不要人"。

第二,让从事农业的农民上楼,等于割了农民的命。这是河南某市长的话。

第三,灭村运动造成了很多上楼致贫现象。住楼的成本高,农民进城住楼后怎么活?党老师说给农民一套长安街上的房子,农民会高兴。不对,不高兴!在农民没有任何收入的情况下,给农民一套房子,农民怎么活?农民住楼后,什么都要用钱,物业费、供暖费、电费等,如果没有稳定工作,根本付不起这个钱。

我再用几句通俗的话讲一讲我的观点:

第一,为什么灭村运动是一个错误?农民的宅基地不是唐僧肉。在农民眼里,我家的宅基地就是祖祖辈辈传下来的。《物权法》里规定土地属于集体所有,但是我家的宅基地,别人想拿走,这是不可能的,从法律上讲也是站不住脚的。宅基地和农民的承包地是不一样的。

第二,目前的灭村运动基本上都是要地不要人。各个地方政府打着城乡统筹的旗号,其核心就是卖钱,卖农民的宅基地,还不要农民的人。

第三,现在各地以瘦地换肥地,威胁国家粮食安全。各地的增减挂钩把肥沃的土地给占了。

另外,现在的集中小区,简单地盖楼其实是庸俗的城市化。我们原本想象的乡村,应该是有乡村特色的房子,比如生态厕所。现在,乡村的美景被破坏了,比如周庄。其实,灭村运动就是把村庄一股脑儿地摧毁,这和拆天安门城墙在本质上有什么区别?很多村庄,几十年以后我们再去看,钢筋水泥代替了原来美丽的村庄。小时候的竹园、水塘、河流,再也找不到了。庸俗的城市化把乡村文化的沉淀破坏了,城市文明替代了几千年的乡土文化。现在的小区式管理模式我是坚决不同意的。总之,我主张把土地增减挂钩取消。

王小鲁(中国改革基金会国民经济研究所副所长、研究员):

为什么会有并乡、并村这个问题?其大的背景是,中国正处在快速的城市化进程中。中国现在的城市化率是47%,和30年前相比,提高了30个百分点。那时的城市化率是17%,有1亿多人在城市,而现在有6亿人在城市,差不多一半人口变成了城市人口。在未来的二三十年里,中国的城市化进程还会继续下去,而且还会保持比较快的城市化速度。未来中国在迈入发达国家门槛的时候,城市化率将达到

70%～80%，和现在的发达国家差不多。这意味着还有30%的人口——4亿多人从农村进入城市，农村则剩下20%的人口——3亿人左右。在我看来，这3亿人更多的是兼业农民。未来有4亿人将从农村转到城市，现有的居住格局、村庄格局势必会发生变化。而且，与30年前相比，现在已经有大量的农村人口迁出来了；没迁的，大多是家里的青壮年到城里打工，留下老弱病残在农村，一个家分成了两半。为什么会有这样的情况？因为我们的城市化进行得不彻底，没有解决这些进城人的就业、户籍、社会保障、公共服务等问题。所以，没办法让这些人全都搬到城市里来，在城市里安家落户。我觉得这是一个大的背景，在这个背景下，必然会出现一种情况：很多地区，如江苏、浙江等东南沿海地区，很多村庄空了，百分之八九十的人离开农村，农田荒芜。客观上，中国土地稀缺，城市化发展需要用地，农耕也需要用地。在这种情况下，这么多村子空了，我们有必要重新整理，把它们合并起来。但是，另一方面，大规模的农村合并也有很多危害。加上现在的土地出让制度不规范，尤其是土地出让金制度，使得地方政府获得了一种"激励"，想方设法尽快地从农民手中拿到地。并了村，拿到土地，就可以卖地。当然，这背后存在很大的利益驱动。

所以，我们要改变现在的一些制度，尤其是土地转让制度。我认为未来的并村，在少数条件成熟的地方可以继续，但全国推广仍需慎重。为什么我建议改革现在的土地转让制度？这和财政体制改革相关，涉及财权和事权的结合，以及中央与地方之间的财政关系。不改变这种激励机制，很难避免在这个过程中产生的诸多问题。

全民免费医疗
——中国医改的困境与出路

社会热点

中国的医疗现状是：第一，看病难，总体卫生资源不足；第二，看病贵，个人负担比例过高；第三，药品审批、生产、流通混乱；第四，医疗保险覆盖面小。

中国总体的就诊人数逐年增加，为什么？因为这些年来生活环境极其恶劣。调查显示，更多的患者宁愿顶着挂号难、看病难、检查难的三座大山，也要去三甲大医院。而98%的三甲医院医生也在发愁，因为他们每天接诊的患者得的都是可以在下一级医院或地方医院解决的小病。

医患矛盾也日益尖锐，比如哈医大血案。2012年3月23日16时30分左右，一名男子突然闯入哈医大医生办公室，抢起手中的刀，疯狂砍向正在埋头工作的医务人员和实习学生，一名实习学生颈部鲜血喷涌。犯罪嫌疑人李某某行凶后，又向自己身体捅了3刀。腾讯网报道此事件后，竟然有4915人次在网站设置的"读完这篇文章后，您心情如何"的投票中选择了"高兴",而选择"愤怒""难过"的仅为2623人次和567人次。医生被捅了,民众居然很高兴,这个实习生是一个即将毕业的硕士生,已经考上了香港大学李嘉诚医学院的博士,人们发泄愤怒已经不分对象了。

在体制层面,中国卫生主管部门目前既是公立医院的行政监督者,又是公立医院的资产管理者以及公立医院的经营者。公立医院缺乏自主经营的决策权,医生依附于医院,不利于实现社会医疗资源的有效利用。

从所有者角度看,公立医院法人治理制度的缺位,难以保证医疗资源的有效利用。从经营者角度看,由于责、权、利不统一,公立医院院长的经营管理才能难以发挥。从医护人员角度看,非市场化的薪酬体系难以体现技术和服务价值。从社会角度看,医疗资源处于垄断状态,不能向社会其他医疗机构释放。

刘国恩（国务院医改专家咨询委员会委员）：我认为大家应该比较客观、冷静地思考一下医疗卫生这个行业特殊的属性。和其他行业相比,医疗卫生行业是一个具有出现事故和争议高度可能性的行业。为什么？在社会上,三种情况下汽车才响起警报：一种是警车与匪徒斗争,一种是消防车跟火灾斗争,一种是救护车在抢救生命。除此以外,系统性响着警报器的汽车就不应该在大街上出现,每个国家都是如此。在这三种情况下响着警报器的汽车,都是在处理事故。警车出现时,是非对错非常明确,我们知道是警察去追匪徒,我们应该义无反顾、无条件地站在警察这边,判断不可能有误。火灾,消防队员去救火，要么把大火扑灭，把人救出来，要么没有扑灭大火，自己还牺牲了，是非对错也非常明确，也没有争议。只有救护车警报器响时会有争议。救护车把病人送到医院里，医生对病人进行救治，结果要么是治好，要么是没有成功救治病人，进而出现事故，并且在事故责任认定的问题上可能产生分歧，医生对错与否，不是非常明确。还有一点，医生在救治病人时，面对的群体和其他社会性服务面对的群体有一个特别大的不同：我们面对的人群，基本上都是正常的或者具有正常功能的人群；而医生面对的人群，要么是身体上有障碍，要么是心理上有障碍，都是非正常状态下的人群。当一个人处于非正常状态时，思维逻辑、沟通就有障碍。所以，我们要认识医疗卫生行业的特殊属性。

病人到医院去以后，出现失控、失态的情形，无非就是两种情况：一种是疾病很严重，导致经济上的负担非常重，不堪重负，没有办法支撑生活；一种是疾病非常严重，虽然有钱，但病治不好，也可能失去控制。在制度设计上，如何解决这两方面的问题？

"十二五"医改规划，提到对减轻老百姓经济负担的相关措施安排，即医疗服务埋单问题：中国是否要推行或者应该推行全民的免费医疗？

关于"免费医疗"，我想给大家做一个解释。从经济学角度理解，我可以告诉大家：没有免费医疗。世界上找不到哪个地方有免费医疗。为什么？因为医疗必须耗资源，资源必须有人来埋单，只是埋单资源的来源不一样、地点不一样而已，而非免费。全世界有两大类医疗保障制度：一类是国家医疗体系，比如英国。英国是基于税收的医疗服务体系，在生病之前，所有人都纳税了，之后生病，国家通过公共财政拨款下来，把款拨到医疗卫生行业，通过国有医院让老百姓享受这个服务。这是否是免费？不是，只是在就诊时不用再交钱，因为这个钱在以前已经交过了。再退一步讲，在大多数实行国家医疗的地方，看病也有很多限制，包括自费比例、上限、各种药品目录等。超过这些限制的部分，需要民众自己负担。

另外一大类医疗保障体系，是基于付费的国民基本医疗保险体系。这种体系不是从基本的税收拿钱，而是靠公共财政补助，以及个人在每年的某个时期缴纳保费，参加医疗保险。有了保险，去看病时，保险出大头，自己交小头。我们叫基于免费的全民医疗保险，这个钱是雇主、国家出的。在享受这个服务时，也有一定的约束，要么有自费部分，要么有自付部分。

这两种模式都不是免费的，只是出资形式不同：一种是国家通过一般税收，把钱直接投在公立医院，接受服务不用再交钱而已；另外一种是让百姓在每年的某个时期缴纳一定的费用参保，从而通过保险减少自己的负担。

中国目前采取的是后者——公共财政补助和个人多方参与缴费的全民医疗保险制度。这个制度现在运行得较好，中国已经有超过90%的百姓被三大医疗保险体系覆盖了。三大医疗保险体系，其中之一是城镇职工基本医疗保险，由城镇职工和所在单位的雇主共同缴纳保费。另外，很多人群没有正式的固定工作，如农民、自由职业者等。对此，国家安排了两大制度：一是对农民提供了新型农村合作医疗。农民没有雇主，所以雇主缴纳的部分是由公共财政帮助缴纳的。"十二五"医改规划想加大缴费的力度，从而提高保障的力度。二是为城镇居民建立了医疗保险，也是采取同样的办法。

"十二五"规划里谈到一个非常重要的问题：国家、政府这只手，要加强对基层医疗服务机构和人员队伍的建设。只有基层医疗服务的条件大大改善，人员队伍大大充实，老百姓才可能逐渐恢复或者建立起在社区看病的信心。

如果容许医生多点执业,会在很大程度上带动一批由他们引导的社区临床诊所,而这些临床诊所会在很大程度上把病情较轻的病人留在社区,只有病情严重的病人才送到诸如301、协和等大医院去救治。这样,大医院的资源和条件就可以翻倍提供给每一个重症病人。这是"十二五"规划关于如何改善医疗服务条件的一个重点,这个重点是"十二五"规划里涉及公立医院改革的核心内容。

我个人认为,有效地推进医生多点执业应该成为未来公立医院改革的核心。如果没有270万名的医生多点执业,把单位人变成社会人,我们上哪儿去找医生?所以,我认为再怎么强调容许医生多点执业都不过分。

以专家的名义建立临床团队,会使医学院学生的流失减少。我去协和做过一次演讲,我问在场的学生:有多少人毕业了要从医?要从医的现在举手。当时场上有100多个学生,举手的人不到三分之一。我问其中一个未举手的学生为什么不举手,他说我从协和毕业,如果想学到很好的医术,得到很好的平台,就要去大医院工作,而这些医院目前都是受编制管制的,要进这些医院非常难。我说可以去社区,他说我为什么去社区,社区条件那么差,我跟谁学?而且病人都不到社区看病,尤其是重症病人不来。医生的经济条件很差,社会地位低,与其这样,还不如去卖药。所以,很多应届毕业生包括医生都去卖药了。如何留住他们?第一,让公立医院开更多的口子,取消所有医疗领域里的编制;第二,提高社区医院医生的待遇,建立社区医院与公立医院的双向流动机制。

> 思维共振

朱恒鹏（中国社会科学院经济研究所研究员）：

老百姓关注的是自付费用，医疗服务需求量和自付费用相关，而不是和总费用相关。如果今天仍然坚持按项目付费的方式，那么，即便增加再多的医保资金，也会被医疗服务费用的上涨以及一些变相的诱导性因素侵吞掉。过去农民看病没有新农合，400块钱全部自费，现在有了新农合，可以报50%，自己掏50%。所以，有关部门讲有了新农合，短短5年，老百姓看病的负担减少了一半，由原先的完全自付变成了50%自付，却不讲另外一个数字。2007年没有新农合时，老百姓看病花400块钱，现在老百姓看病花800块钱，新农合报了400块钱，他还是掏400块钱。这与医保付费方式有关。如果还是按项目付费，老百姓消费得越多，医院医生的收入越高。

从2007年到现在，医保出资额在增加，财政投入也在增加，但医疗费用是以超过人民收入、超过医保出资额的速度在增加。当然，这种医疗费用的上涨有合理的成分，不能把所有的医疗费用上涨都认定为不合理。要解决看病贵的问题，医保当然要跟上，加大对新农合和城镇居民的补贴，这是必须的。同时，医保付费机制也要跟上，传统的项目付费方式必须调整，要逐渐走向按人头、按总额预付等付费方式。

通过医保付费机制来控制医疗费用的不合理增长，有一个前提条件：医生和院长对收入的获得方式要敏感。也就是说，不同的治疗行为，产生的个人收入不同。如果不管医院挣多少钱，都全部交给财政，不管医生发多少工资，都由财政发，那么什么样的医保付费方式都没用。要让医院和医生有积极性，控制医疗费用，合理用药、合理检查，就必须让医院和医生减少药品费用、检查费用，降低成本。这涉及医院的内部收入分配制度，医院必须有收入分配自主权。最简单的一个收入分配自主权就是人事制度、编制制度，这必须是配套的。

医保付费方式对医疗机构有引导、控制的作用，要求医疗机构必须面临竞争。老太太去买黄瓜，都知道可以讨价还价，你开价两块钱，我还价一块五，你不同意，我就不买你的，到另一家去买。如果满大街就这么一家卖黄瓜的，他要两块，你就得给他两块。这是现在的社保和公立医院的特征。一个完善的医保付费方式能够有效发挥控费的作用，同时在控费的过程中，让医疗机构不至于以降低成本、降低质量、降低安全性为代价。想要控费，必须有足够多的医疗机构进行竞争。首先，社保部门有这个资格与能力，你不答应我的条件，我就换一家。但相当部分县级地区就一家人民医院，最多再有一家中医院，没得换。另外，即便是社保和市场成熟了，如果医院以降低服务质量甚至降低安全性为代价控制成本，患者该怎么办？要让社保有谈判能力，就必须让患者有选择权。因此，医疗服务市场要充分竞争。

要放开发展人民医院，但发展人民医院，哪儿来这么多医生？要释放公立医院的很多医生。协和的医生很忙，但很多地方的医生很闲。很多医生忙着开会，我们的体制是学而优则仕，医院也是如此。事实上，我们的院长都是一流的专家。很多一流的专家当了院长以后，也许是专业偏好，也许是为将来留条后路，既不专心当院长，也不专心当医生。现在很多院长经常标榜的是"我每周还要做两三台手术"，但你会发现，他手术做不好，院长也做不好，干吗非要两个都兼着？显然两个都有好处。诺贝尔奖获得者并不一定要当校长，为什么？不是因为他高尚，而是因为当校长并不比当教授好多少。国外有些大学院系，大家不得不轮流当主任，因为大家都不愿意干。我们现在不是这样。我国现在的医疗资源从静态来看是短缺的，但从长远来看并不是那么缺：第一，现有医生干得不那么顺心，积极性没有充分发挥出来；第二，有好多医生被浪费了，比如一当院长就被浪费了。

王建勋（中国政法大学法学院副教授）：

大家都很关注中国的医疗，觉得看病难、看病贵的问题很复杂。其实我觉得很简单，只要打破现在的医疗行政化、官僚化、等级化，问题就可以迎刃而解。大家可以看看医疗资源的安排，北京有50多家三甲医院，怎么能阻止外地的老百姓到北京来看病？老百姓肯定要来！偏僻地区没有大医院，资源都集中在北京，不来北京，去哪里？有人说让这些人到地方上的医院、基层医院去，你怎么不去？所有人都是趋利避害的。在等级化、官僚化的体制下，好的医生都跑到好的医院去了。地方小医院没有好的医生，老百姓不会去看病。这个问题怎么办？市场化。没什么好的办法，走其他路子在我看来都是用一个错误来弥补另外一个错误。刘教授说世界上没有任何一个国家有免费医疗，免费医疗听起来挺好，其实是骗人的东西，是一个虚假的幌子。因为即便是政府出所有的钱让你去医院看病，政府的钱来自哪里？还不是来自每个纳税人，只不过是让政府转了一下手而已。有个观念我们一定要扭转过来，千万不要追求免费医疗、免费教育等虚假的东西，这些东西是站不住脚的，因为它们脱离了社会的经验或者现实。

律师和医生都是职业化的，都要学习很多年，才能干这一行。医生这个行业最不应该讲等级与官僚，因为医生是靠知识、技术、能力吃饭的，不是靠级别的高低或者其他一些因素。但现在医院的级别问题、行政化问题太严重了,我觉得我们的医院到了非改不可的地步了!这种官僚化、行政化的程度跟大学一样糟糕,我们的大学之所以不能生产出真正的学术产品,主要是因为大家被官僚化、行政化了。大家拼命地当官、搞关系,真正搞学术研究的人寥寥无几,就像医院一样。

为什么我们不让私人开办医院?我觉得只需要有一个准入机制,就可以解决这个问题,就像审批制一样。虽然政府表示社会资本可以进入,但我觉得要把审批制改成准入制,即满足一定的条件,就可以开医院。现在虽然不需要经过中央批准,但需要经过省一级批准。我个人觉得这些东西都阻碍了医疗的市场化。只要有足够多的资本,有医生,有人愿意到那儿去,就可以开办一家医院。另外,市场化还有一个优点,就是让每个人对自己的行为负责。市场化以后,我们会发现资源过分集中的问题可以得到很好的解决。

汪庆华(中国政法大学法学院副教授):

中国的医疗体制确实到了一个人"有病天知否"的地步,到了非改不可的地步。我觉得有几方面的问题:第一,医改方向问题。我非常赞成医疗服务市场化,但我觉得要区分一下市场主导与国家主导的问题。有两个层面的问题:一是医疗服务提供的问题;二是医疗服务享有的问题。不应该把这两个问题混在一起。我们讲全民免费医疗,其实讲的是医疗服务享有均等化问题。在这一点上,我不完全同意王教授的看法,在医疗服务的提供上要市场化,在医疗服务享有的问题上要均等化。无论民众的投保费用是多少,都应该享受同样的医疗服务,这应该是我们追求的目标。

第二，医改保障问题。这跟中国1978年以来的改革开放路径有很大关系。1978年以来的改革是政府主导性的改革，表现出一个明显特征：政策推进型。这有它的好处，政策对头时，能够集中力量办大事。但政策不对头时，是集中力量办坏事，这会很糟糕。在医改问题上，如何把这样一种政策推进的改革路径转变成一种法律保障的模式？推进医改的主体，其本身的行政行为或者政策的推出都应该有法律的约束。现在医疗体制最大的问题是行政化、等级化，还有特权化。医疗资源尽管非常有限，还是往最小的群体（即公务人员）身上去投入，一个人可能享有几个医疗团队的服务。这是一个核心问题。

第三，医改目标。要从金字塔式的结构变成均等化的模式。中国的结构是金字塔式的，越有资源的地方越有资源，北、上、广有最优质的教育和医疗资源。公共投入方面的资源，越到底下，越缺乏。医改一定要和其他领域的改革相匹配，如果不改变金字塔式的权力运作结构和国家的社会结构，这样的目标非常难实现。

第四，医改的参照目标。我个人认为可以好好看一下我国台湾地区的全民健保。我觉得美国那一套完全不可取，因为美国的医疗支出占比并不低，看病也不是非常方便，有很多问题，现在奥巴马推行全民健保面临着一些挑战。当然，这个问题在中国不存在，宪法在2004年给政府规定了建立社会保障制度的义务。1986年，我国台湾"行政院院长"俞国华宣布在2000年实现全民健保的目标，实际上在1995年，台湾就推行了全民健保。台湾的医疗支出占比非常低，提供医疗的便利性、专业化和均等化在全世界绝对是数一数二的。在台湾，看病非常方便，如果感冒了，在你家楼下就有诊所，就可以去看病开药。看牙可以去找专科的诊所，收费非常合理，因为是全民健保，不需要个人交钱。另外，医保的付费方式也值得我们学习。我们的核心问题是医保的付费方式要进行改革。台湾分成军、工、教、职员、农民、低收入户等类别，低收入户不需要交任何医保费，完全由政府来交这个钱；军、工、教、职员交月工资的7%，由个人和单位分别承担。我觉得我国台湾的医保制度运作得非常成功，真正做到了"患者有选择，质量有保障，医生有尊严"。

从大都市到小城镇？
——中国城镇化建设的问题与对策

社会热点

中国已经建成了大城市，这是一个不可逆的事实，如果再搞小城市建设，大城市是否会出现空洞化的问题？

宣晓伟（国务院发展研究中心发展战略和区域经济研究部研究员）：我主要围绕怎样从城镇化的老路转到城镇化的新路这个视角来讨论。我从三个角度来谈：第一，现在讨论城镇化，很大一块内容是讨论城镇化对中国未来经济增长的影响。什么才是中国未来经济增长的一个持续动力？城市化或者城镇化！

从需求层面来说，我们可以看到，有多少城镇化的地，就会带来多少基础设施的增加和住房的建设，还有大量人口从农村转移到城市的消费升级带来的内需增长。所以，把城镇化视为中国未来最大的内需所在是一件很顺理成章、合乎逻辑的事情。

从供给层面来说，城市本身有利于规模经济集聚，而且有利于人力资本的积累，所以城市本身的供给层面对经济增长产生了很大影响。同时，我们也要看到，目前越来越注重技术创新对经济的拉动作用。城市实际上是作为创新的一个集聚体，在创新中发挥核心作用。

最后是从生产率的角度分析。城镇化会带来产业结构和就业结构的变化。人口从农村转移到城市里从事不同的产业时，就会有明显的生产率的提升。有多少农村人口流动到城市，就有多少潜力。

总之，城镇化对中国经济的影响，是我们目前讨论城镇化的很大一块内容。

还有一块内容，是对现有城镇化模式的一些弊端展开分析，指出现有城镇化模式需要进行哪些改变。现有的城镇化模式主要存在几个问题：一是城镇化未有效带动农业和农村发展。也就是说，在城镇化过程中，农村和农民没有充分享受到应得的益处。农业生产率的提高并没有我们想象的那么快，还带来了粮食安全、农产品供应等一系列问题。另外，现有城镇化模式过多地占用耕地，过多地汲取农村地区的资金、人才等资源，这样就可能造成农村地区的建设相对落后，农业发展相对不足。

二是城镇化推进过度依赖政府主导。在这样的模式下，政府热衷于扩大城市规模，造成对土地资源的低效利用，以及对土地财政和房地产的过度依赖，导致房价过高。房地产市场膨胀后，继续对城镇化推进构成一种障碍，一方面对普通居民的住房造成影响，另一方面对城市的实体经济发展造成威胁。

靠政府主导推进城镇化会产生很大的问题，即政府的行政级别变成各个地方推进城镇化过程中最重要的资源。也就是说，行政等级高的地方，比如北京，可以吸收各种各样的资源，这样会造成城市体系的严重失衡。所以，以政府主导推进城镇化的模式必然会造成城镇体系的一种扭曲，这是毫无疑问的。

三是没有解决农民工市民化的问题。只让农民来打工，不让农民落户，是一种半拉子的城市化，要地不要人的城市化。农民工市民化的问题如果不能解决，会带来一系列严重问题，包括形成城市化中新的二元结构，即本地人和外地人的严重对立。例如，广东增城事件就是本地人和外地人之间的严重冲突。还有一种看法认为，城乡分割、城乡二元和人地分割的城市化模式的最大弊病，是以一种人所共见、人所共知的方式，大规模、长时间造成不同社会群体的利益分化而且固化，从而导致整个社会的紧张和断裂。

为什么这么说？因为我认为，城镇化过程实际上是在不断加剧整个社会收入分配差距的拉大。这种城镇化过程的最大问题在于，它带来的不是社会的更多融合，而是社会的一种撕裂。这是一个致命的问题。

第二，我们要改变中国现有的这套城镇化模式，就必须知道它的基本逻辑是怎样的。我从三个层面来谈：一是观念层面；二是制度层面；三是利益层面。观念层面，表面上我们做什么事都是直接诉求于利益的计算，什么是对你有好处的？这取决于每个人的价值判断。所以，观念是从根本上影响人的行为模式。制度层面实际上是把社会上的观念固化成一个结果，比如，是一种正式和非正式的规则安排。利益层面是任何一种制度安排背后都有权力和利益的分配格局，这种权力和利益的分配格局，是决定制度是否可持续的重要因素。观念为制度提供正当性、合理性论证，而权力和利益格局反过来会强化人们的不同观念。所以，这三个层面互相支持，形成一个稳定的格局。

从观念、制度、利益三个层面来看，现有的这套城镇化模式分别是怎样的？现有城镇化模式的核心观念是身份等级制的观念。身份等级制是按照不同出生地，把每个人分成三六九等，用一套严格的制度，主要是户籍制度、公共服务制度，把这些所谓的身份等级固化。

目前身份等级观念在中国主要包括两方面：一是城乡二元，二是区域有别。城乡二元是城市和农村之间存在着巨大的差异，这种身份观念不仅仅是文化观念上对待城乡态度的差别（人们认为，农村就是落后或者低人一等），还包括在相关制度安排下福利待遇上的巨大差别，包括社会保障、教育、医疗。你一生下来是农村人还是城市人，就暗含了你应该得的和不应该得的。所谓的城乡二元论，主要表现在户籍制度和城乡之间与生俱来的待遇差别上。传统社会里并没有所谓的户籍制度，农村人口和城市人口是互相流动的。新中国成立后，在当时生产力发展水平较低的情况下，尤其是农业生产力水平较低的情况下，为了推进工业化，不得不采取一种措施，要形成剪刀差和农业的积累。所谓城镇化，从某种意义上来说，是客观、自然演进的过程。也就是说，农业生产率提高以后，有更多的粮食和农产品可以供应给更多的城市人，这是一个自然演进过程。如果没有达到这个地步，硬生生地推进，必然要通过户籍制度把这些人摁在农村，然后建立一套统购统销（农村）、定额分配（城市）制度。这是在当时的条件下推进工业化不得不采取的一套制度安排。制度反过来也会强化人们的观念，尽管现在的经济发展水平跟当时相比已经有了很大差别，但制度一旦建立，就会在人们的观念上烙上很深的印记，对以后的制度演进造成很深的影响。从目前来看，现在涉及土地拆迁等问题，难以有效维护农民的权利，在某种意义上，这跟城乡二元身份等级观念有密切联系。

还有一个身份等级观念是区域有别。我们知道，在计划经济体制下，不同城市、地区之间更多的是调配，中央政府的影响力很大。改革开放以后实现财政分权,导致的必然结果是人们的福利待遇水平跟当地的经济生活发展水平密切挂钩。比如,东部沿海地区农民的福利待遇有可能超过城市。因为不同区域的公共服务水平非常依赖于当地的经济发展,这是财政分权导致的一个必然结果。我们可以看到,在现有城镇化模式中,身份等级观念体现为城乡二元和区域有别。身份等级观念是现有城镇化模式最根本的观念支撑,也是我们要走向城镇化新路最根本的障碍。

在现有的这套城镇化模式中,最核心的是地方政府一手从农村这边把地拿过来,一手又卖给开发商。与此同时,地方政府又把地拿来,以比较低的价格招商引资、建设工业园,同时承担城市建设,还搞公共服务。地方政府有一个土地出让的转换利益循环,土地出让成本包括征地拆迁费用、失地农民的补助、前期土地开发费用、企业职工安置费用、土地出让业务费等。比如,北京市政府卖了多少地,这只是总收入,要扣掉土地出让成本,剩下的是土地出让的净收益。净收益是干什么的?土地出让成本中最大的一块是拆迁费用,2008—2010年这3年中,拆迁费用占整个征地出让成本的36%。净收益拿去干什么?有几项支出:教育支出、农田水利支出、国有土地收益基金、农业土地开发支出、保障性安居工程建设、城市建设支出、农村基础设施建设支出,以及缴纳新增建设用地的使用费。其中,城市建设支出占整个政府收益的60%。

我们可以分析一下"以地谋发展"的利益链条下的不同利益主体。首先,地方政府是这种模式的主导者和实施者,但实际上我们可以看到,这套行为不是政府自己想要选择的行为,而是现有的财政格局安排的。地方竞争,要GDP至上,要政绩考核,要公共服务跟经济发展水平挂钩,必然慢慢会转到"以地谋发展"的城镇化推进方式上,而且地方政府官员在这个模式下获得了很大的政治或者经济上的激励。

中央政府怎么看？一方面，中央政府通过事权分担，把一部分支出责任转嫁给地方政府，隐性而间接地享受了土地财政或者"以地谋发展"的好处。另一方面，如果不停地像地方政府这样大肆扩张，也会带来很大的风险，包括粮食安全、金融风险、社会稳定等各种系统性风险。所以，中央政府一方面享受，另一方面又承担着系统性风险，就要通过土地指标、信贷管控等方法，对地方政府的行为加以约束。

开发商在本质上是一个变现者，怎么变现？把最后的土地收益增值变现，作为地方政府的一个代理者。代理者在作为代理工具的同时，自身也变成了一股很强大的影响经济社会发展的重要力量。所以，在推动城市发展的过程中，开发商也获取了超额利润回报。当然，这个超额利润回报是政府垄断土地导致的。

一方面，企业受到高涨地价和房价的影响，运行成本不断增加；另一方面，那些原来囤积了很多土地的企业也深受影响，它们不断进行相应的投资，导致相应的实体经济向虚拟经济迁移。

城市居民的状况也类似。一方面，很多人深受高房价之苦；另一方面，相当多的人尤其是拥有多套房子的人，深享高房价之福，同时也是房地产市场投资的一股重要力量。

最后两个参与者，一个是农民，分为两种：一种是没有被征到地的农民。他们间接、微弱地享受到了"以地谋发展"城镇化带来的"以乡带城"或者"以工补农"的好处。一种是已被征地的农民，已被征地的农民也分为两类：绝大多数都是得不偿失或者成为现有城镇化模式的牺牲品；很少的一部分，也就是靠近繁华城市的城乡接合部和城中村的农民，他们有可能在拆迁过程中不公平地获得土地垄断收益，变成实力阶层。另外一个是城市的外来人口，包括大量农民工。这帮人是真正被剥夺的人，他们为城市建设付出最多，得到却最少，他们成了另外一群牺牲者。

这样一套利益格局安排是由一系列制度来支撑的，最核心的是土地制度。也就是说，我们有一个制度，土地是城市土地，归国家所有，只有通过政府征收，才可以把农村的集体土地转换为城市的国有土地。这是"以地谋发展"城镇化模式的真正基石，它奠定了地方政府在土地市场中的垄断地位和核心作用，而中央政府通过指标等一系列方法进行控制。

在"以地谋发展"的方式下，中国充分利用政府对经济社会发展的主导作用和对土地的垄断，硬生生地闯出了城镇化的路子。问题在于：这套东西不可持续。有几方面决定了它不可持续：

一是土地资源有限，不可能永远卖地。沿海发达城市，土地财政已现颓势。北京市2012年的土地出让收入比2011年下降40%左右。我们会明显看到，东部地区在全国出让土地城市的排名中，增幅远远不及中西部地区，中西部地区的排名大幅上升。另外，土地征收成本不断增加。我们明显看到的是，拆迁成本不断增加，现在地方政府进行城市建设，更多的是通过银行贷款，通过债务平台借贷。

二是社会差距不断拉大，本质上变成击鼓传炸弹的游戏，不断靠剥削未进城者或要进城者来释放增长潜力。

综合以上方面，现有城镇化模式可能倒塌的原因不外乎几种：其一，土地财政不可持续，比如地方债务、银行坏账；其二，房地产畸形泡沫破灭；其三，城乡二元结构剧烈爆发，引发社会动荡。

第三，我们要有一套新的利益机制、利益安排，这里面的核心是什么？一是要改变单纯的政府主导。政府必须退出来，问题是怎么退？必须变成多方参与，政府引导。政府退出来并不是说什么都不管，该管的地方要管，比如规划土地用途，政府要进一步做好。另一方面，政府要变成一个参与者，而不是排他性的垄断者。

二是由土地财政逐渐转向房产财政。现在拥有很多套房都没有持房成本，趋势必然是地卖得差不多，就得征房地产税。现代城镇化的转型是中国现代化转型过程中的一部分，而现代化转型最核心的东西是社会结构和关系的重新调整。也就是说，每个人和国家的关系以前是三六九等的，现在人民都一样了！只有在这方面进行调整，才能从根子上把旧有的城镇化模式逻辑慢慢改变，才真正有可能使中国从传统的不可持续的城镇化老路迈向可持续、更公平、更有效的城镇化新路。

思维共振

易鹏（国家发改委城市和小城镇改革发展中心研究员）：

我谈谈我的观点：

第一，中国城镇化的成绩大于问题。用逆思维看待当前的城镇化，城镇化带来了产业大发展、收入大提升或者空间的大释放，包括产业结构的优化。以前北京是工业城市，现在北京的服务业占75%。所以，城镇化实实在在取得了成绩。

第二，未来城镇化要解决的问题。总的来说，以前的城镇化是一个发展的概念，未来的城镇化是一个公平的概念。北京市2069万常住人口中，没有北京市户籍的人口比例接近50%（2012年）。这样一种二元结构分布在北京市，这不是真实的北京市。这个问题一定要解决，北京市要成为常住人口的北京市，而不是有北京户籍人口的北京市。当然，这需要一个过程。

中国的城镇化应该是大城市、小城镇和农村三者共生发展、协调发展、共生共荣，这是最理想的状态。

我的观点比较鲜明：中国未来的城镇化必然是大都市继续吸引更多资源的城镇化。有几个理由：

第一，人往高处走，不是谁能改变的。大家都知道北京房价贵、空气污染严重，为什么北京人口还是越来越多？原因很简单，北京的公共服务水平是全中国最好的，有最好的大学、最好的中学、最好的医院、最好的文艺团体、最好的基础设施、最便宜的地铁价格、最便宜的公交价格。北京的生活成本在全国特大城市中算比较低的，而且北京的机会比较多，个人收入比较高。从利益最大化的角度讲，人们一定会扎在北京。城市的发展是不以政府的意志为转移的，城镇化一定是以市场化为主的城镇化，一定是看不见的手发挥最核心的资源调配作用。

第二，城市发展有规模效应，平均人口规模是1.1万。绝大部分城镇人口在5万以下，把更多的钱投在小城市，那是打水漂儿。我跟很多房地产企业家说，不要被小城镇诱惑，真正有投资价值的小城镇可能只有10%左右。

第三，中国的资源分配不平等，导致北京、上海等特大城市和省会城市比地级城市吸纳更多的资源。

第四，未来中国的发展趋势应该是特大城市群，以北、上、广、深这种大城市为基础的城市群或者都市圈是未来吸纳城镇化人口的主体。

面对大都市和小城镇的问题，要从现实的趋势进行分析。日本、美国等国家在城镇化过程中都有大量政府主导的规划,这有利于更有效地提高城镇化的质量。对于中国来说,决策过程中要少拍脑袋多调研,多了解趋势,了解规律。

管清友(民生证券研究院副院长):

第一,对城镇化的问题要客观认识。我国目前的土地制度是从公社化开始的,1982年的宪法正式确立了农村集体土地所有制和城市土地国有化。这种土地制度确实有很大问题,比如我们看到农民被剥夺土地问题、土地财政问题,甚至土壤质量下降问题。但是,这种土地制度确确实实又是中国改革开放30多年来低成本优势的一个重要组成部分,也是中国经济奇迹的一个重要组成部分。土地增值有四个来源:一是规划;二是产业政策;三是农民所有权和使用权;四是基础设施建设。土地用途、土地增值的变化是这些因素共同作用产生的。土地增值怎么分配?农民到底应拿多少,政府应拿多少?现在没有明确的说法。

实际的做法是加快土地市场化、货币化,把使用权长期化、固化下来。十八大报告里也提出"提高农民在土地增值收益中的分配比例"。土地制度确实到了要兼顾公平的时候,到了要反哺农民的时候。农民给我们做了太多贡献,不应该在土地问题上无偿地或者低成本地剥夺农民。

第二,我们要改变观念。以前我们可能更强调效率,现在则需要强调公平、强调人权,农民也是人,人人生而平等。

第三,关于大城市或者小城镇的问题,现在城镇化速度不是太慢了,而是太快。我们的城镇化一开始就跟西方国家不一样,我们是人为推动，这是因为我们的经济发展战略就是一个赶超战略，这个战略至今仍未改变。无论是搞大城市还是搞小城镇，我想都应该是市场化的结果。应该发挥市场的作用，发挥企业的作用，发挥企业家的作用。政府即便是搞顶层设计、搞规划，也应该是原则性的，不宜过细。

第四，我个人感觉从现实路径来讲，新型城镇化建设还要走老路，因为我们没有渡过盖房子、修公路的阶段，还是要把房子修好。今天，我们在北京这样的大都市里想着基础设施够了、太多了，重复建设太浪费了！大家看看西部地区，他们对公共基础设施的需求仍然非常旺盛，广大农村地区对改水、改电等基础设施建设的需求也非常大。这不仅仅是一个效率问题，还是一个公平问题。强调人的城镇化才是新型城镇化，而人的城镇化，除了在理念上讲公平、讲人权之外，还要在实践上舍得为公共服务均等化投入。

总之，无论是大城市还是小城镇，新型城镇化应该是一个自然演进的结果，不再需要政府的急切推动。我们应该弱化政府的作用，弱化政府的干预，即便搞规划，也应该稍微虚一点，应该放松管制，让企业家进来。同时，城镇化的过程也是整个社会关系重新调整的过程，也是人与人之间重新达到平等的过程。

司法篇

新形势下的司法改革与中国法治愿景

社会热点

十八届三中全会公报和《决定》中,对法治建设和司法改革做了浓墨重彩的描述,特别值得一提的是,其中重申了"维护宪法法律权威"这句口号。这句口号并不是今天才提出来的,2012年习总书记的讲话中也再三申明了这一现代法治的基本原则。最高决策层再次肯定宪法权威和践行现行宪法的必要性,改革共识可能就从现行宪法开始达成。

江平(中国政法大学终身教授):首先要说明的是,怎么看司法改革在整个政治体制改革中的作用。我觉得在中共十八届三中全会公报及《决定》中,强调"依法治国"应该还是一个很重要的方面,涉及"依法治国"的问题谈得也比较多。我觉得在政治体制改革大的动作方面,我们对刚刚上任一年的中央领导人不能抱不切实际的愿望,也不可能指望一夜之间中国在政治体制改革上大步前进，这是不可能的。所以，在"法治建国"上有所突破、有所前进，应该也是政治体制改革中重要的一方面。而在我们的"法治建国""法治国家"的理念中，应该说司法体制改革是很重要的一个方面。我们知道，司法是"依法治国"的重要方面，甚至从某种意义上说，司法是起最后决定性作用的关键因素。然而，改革毕竟是一项艰辛而任重道远的事业。

第二，现在的法治是在前进的。在这三五年里，我们的法治建设取得了很大的进步，尤其是在司法体制改革上，这一点是可喜的。但我们也应该看到，国家的一些问题还没有被触动，这些问题涉及民主建设、党政分开等。我们在这些问题上仍然有些停滞不前，对于这一点，我们应该清醒地认识到。

对于现在的法治改革、司法改革，我认为有5个方面是值得我们肯定和感到欣慰的：一是强调了宪法和法律权威，把过去所讲的"三个至上"的错误提法改变了。不要看"三个至上"就这么一句话，在法院判决过程中，在整个司法系统里，这是一个最大的帽子。也就是说，法院判案要以三个利益至上，而这三个利益至上里，摆在最前面的是党的利益至上，而且是在宪法和法律之上的一个至上。本来"三个至上"就逻辑不通，现在又加一个党的利益放在宪法和法律之上。什么是党的利益至上？事实上，这可能成了政法委员会代表党的利益：政法委员会说什么就是什么。所以可以说，这变成了政法委员会干预司法的一个合法的依据，这是很可怕的。十八大以来，政法委员会对于审判案件的干预受到很大制约。在这种情况下，取消"三个至上"非常重要。司法最重要的是审判权只能由法院来行使，法院的依据只有宪法和法律，没有任何其他利益再可以考虑，从这个角度而言，这是一个很可喜的现象。

二是这次三中全会明确提出要保障依法独立地行使审判权和检察权，这是一个明确的口号。法院审判独立是不可动摇的、最重要的原则，法院需要公正审判，而公正审判只能来自独立审判。我一再强调这个问题，如果没有独立审判，哪里来公正？当然，独立审判不见得总是公正，但独立审判是公正审判的基础，是不可缺少的条件。从现在的情况来看，法院的独立审判可能会受到两方面的干扰：一是中央，二是地方。应该说，中央的干预有，但相对来说比较少，因为中央反复强调不能随便干预司法案件，越往基层越不好。所以，改变审判中行政化、地方化的趋势或者去行政化、去地方化，是保障司法独立的一个很重要的环节。当然，我们看到之前网上流传了不少关于司法体制要统一到中央的说法，但这次中央在这个问题上有不同看法。不过，中央明确提出省以下的法院，人、财、物统一由省管，这是一个很可喜的现象。我想，如果法院的人权、财权、事权，尤其是人权和财权在哪级，哪级就对法院实施影响——因为法官是我来任命的，法官财务是我来决定的，在这种情况下，法官当然会听命于地方，那后果是很可怕的。所以，人、财、事权应该收回，这也是我们这次改革的一个重要方面，要切断法院和地方直接的领导关系，把领导权上收。如果说人、财、物的解决是浅层次的，那这次改革又提出了要逐渐地解决法院系统和地方管理系统适当脱钩的问题。也就是说，法院长期以来完全和地方的领导体制一样，县、市、省和中央，法院也是基层法院、中级法院、高级法院和最高法院，完全和行政体制一致，这其中的问题很多。司法体制完全和行政体制交叉有它的好处，但若不能做到百分之百交叉，适当有所分离也是可行的。所以，这次三中全会《决定》在法院独立性方面有明确的表述。

三是法院系统去行政化还不够。因为干扰不仅仅来自地方，或者说独立性不仅仅局限在排除地方的干扰，保障独立性，还有一个去行政化的问题。我们都知道，中国的法院行政化色彩很浓，如果要去行政化，应该确立一个原则：法院的工作人员是公务员，但法院的工作人员，也就是法官，和一般政府的公务员是不一样的。政府的公务员实行的是下级服从上级原则，法官不是一个下级服从上级的职务。可中国现在的法官做的跟公务员完全一样，一切听命于上级。在这种情况下，审判员服从于审判长，审判长服从于庭长，庭长服从于主管院长，主管院长听命于院长。而且我们还有下级法院请示上级法院的制度，实行这种请示制度，请示完后还有什么二审可言？实际上，当事人的上诉权被剥夺了，已经请示了上级，上级已经给我答复了，我上诉到二审法院岂不是形式主义？所以这次我们可以看到，三中全会《决定》在涉及司法权力运行程序方面特别强调了这个问题，强调解决合议庭、独任庭即审判法官的一些权利保障的机制，也有改革审判委员会的机制，让司法权力的运行能够真正符合司法体制运行的原则，而不是以行政权力的运行为基础规则，这两个要区分开。如果我们能够把司法运行机制和政府权力运行机制分开，就能解决好这个问题。所以我觉得，这个问题也是我们现在法院工作中很核心的一个问题。

四是司法公开机制很重要，司法运行应当比政府权力运行更加公开。从最近一年的情况来看，最高法院在这方面采取了一些措施。而且最高法院提出，涉及内部运行的机制，比如审判庭向庭长汇报，庭长是什么意见，庭长向主管院长请示，主管院长是什么意见，这些问题应该有一个程序，不能没有任何程序（所谓"全程留痕"）。所以，程序化和透明化是法院很重要的东西。这次三中全会在促进法院审判透明化方面有相当大的进步，可以说只有有了透明化、公开化，才能实现监督，才能减少错案发生。

五是司法是保障人权的关键措施，司法制度、司法权力的运行如何保障人权？这是最重要的方面。比如劳动教养制度的取消。应该说，在某种程度上，劳动教养制度是触犯法制精神的，当然要用另外一种制度来弥补有关制度的缺陷，合情合理的、有法律依据的可以考虑。我觉得这次最高法院在这个问题上还有一个不错的思路，即提出的"无罪推定"问题。我觉得这是这一届最高法院领导上任后的一个很大胆的举措。还提到"宁可错放，也不可错判"，这和过去的原则恰恰相反，这是观念的转变。我觉得中国现在司法领域的冤案较多，本质上是因为法官和审判人员头脑中没有很好地建立"无罪推定"原则的观念，在审判时往往违反了"无罪推定"的原则。我觉得"无罪推定"原则是解决"维权"和"维稳"关系的基本原则——如果以"维稳"作为核心，当然要严判，但可能导致错判；如果以"维权"作为核心，当然应该以"无罪推定"原则作为判决依据，既然没有证据来证明，犯罪嫌疑人、被告人的权利就不能被随便剥夺。所以，这个问题也涉及审判观念的一些重大改变。

思维共振

田文昌（北京京都律师事务所主任、全国律协刑事专业委员会主任）：

我注意到习近平总书记讲了一句话，在《决定》里也用了——"让人民群众在每一个司法案件中都感受到公平正义"。我认为习近平讲的这句话不是简单的一句话，它反映了观念的转变、价值观的重塑。

司法独立和独立司法不一样，现在讲的是独立司法，没有讲司法独立，我围绕独立司法来讲。《决定》里提出司法体制由省垂直管理。虽然现在省里地方保护势力也很多，但毕竟提高了一点层次，还是有进步的。我觉得这个事可以进一步发展下去，如果最后能够过渡到中央直管，会更好。同时还有另外一个问题：《决定》里的财政经费问题。财政经费安排又涉及一个重要问题，就是现在的"办案提成"。公检法机关办案可以从赃款中提留很大一部分作为经费，这是非常可怕、非常严重的问题，会导致司法机关"制造案件"。很多案子不能平反，是因为公检法机关把钱扣了。我认为必须把案款提留制度彻底废除，办案机关怎么能从赃款中提留钱呢？

近年来提审判独立问题。怎么独立？现在有一个很大的进步，就是强调庭审中心主义。独立审判应当做到法院独立，最后过渡到法官独立，对此我非常赞同。有法官独立，才能真正实现独立审判。但法官独立的同时暴露了另外一个问题，比如庭审中心主义并不能导致庭审集权，但法官集权思想越来越重。现在审判，辩审关系日趋紧张。我在最高法院开座谈会时提到：辩审关系紧张，必须引起重视。为什么？控辩关系冲突是正常现象，但我没有听说过哪个国家辩审关系紧张的。这种现象是一种病态，不应该发生。原因在哪儿？有一次法官们都在，我毫不掩饰地、坦诚地讲，主要责任在法官，律师不是没有毛病，但主要责任在法官。为什么？地位决定的，法官是法庭的主宰，律师只有通过法官的认可，才能实现他的目标。哪有律师主动找法官毛病的？个别律师脑子进水了可以，那么多律师脑子都进水了？律师找法官闹事，无疑是耗子找猫闹事。所以，这个问题必须由法官反思。我的这个观点，最高法院的领导表示认可。但是，10来年养成的毛病一下改不了。最近我听说一些地方开庭，又有法官把律师请出法庭，不让律师发言，情况很严重。

除了法官的态度，法官的观念也需要改变。形成冤案的原因，除了司法腐败外，还有权力干预、非法举证、法官观念滞后等。很多法官观念滞后到不可想象的程度，一个冤情明显的案件，就那么认定了。比如前些年南京彭宇案，做好事被冤判。怎么办？我觉得法官独立是必需的，接下来是加强制约机制，舆论监督。可恰恰现在舆论监督越来越受到限制，这是一个最大的问题。有一次我在美国开会，问我国台湾法官怎么解决腐败问题。他们的回答非常简单：第一，法官的待遇高，而且退休以后，待遇增加一倍；第二，媒体监督，法官的每一个判词向媒体、全社会公开。可大陆恰恰相反，媒体监督不足。我被媒体捧过，也被媒体害过，"成也媒体败也媒体"。我们最重要的问题是：如何放开媒体，让媒体真正发挥监督作用。如果动辄禁言，后果不堪设想。

何兵（中国政法大学法学院副院长）：

司法肯定要改革。这次《决定》里的第一个指向是"让审理者裁判、由裁判者负责"。这句话的核心意思是：中国一定要指向法官审判独立。如果法官独立了，院长不能指挥法官，请问当院长有什么意思？所以，这次改革指向由法官来独立审判，这是中国法院有希望去行政化最基本的、必要的前提。这是第一点。

第二点，全面推进人民陪审员陪审。刑讯逼供怎么解决？有人说安装摄像机。即便有摄像机，一些地方、一些人也会把你拖到厕所里打，这是真的。在过程中监督当然是必要的，最主要的是在审判过程中怎监督。当法官不想听你讲什么东西时——"你永远无法叫醒一个装睡的人",你没有任何办法。谁最痛恨刑讯逼供?老百姓。当老百姓通过陪审掌握审判权后,一切大不一样。所有的问题,如果不让老百姓来监督,就没有办法解决。

再说怎样监督法官。田老师说要用媒体监督,请问每年1000多万件案子都能来监督吗?媒体能一件件盯住吗?不能,没有八卦新闻的普通案子,根本不能形成媒体的热点,谁来监督?所以,还是要让人民群众进去,让老百姓在那儿审。

再是法官待遇低,要大范围提高法官待遇。我国台湾只有3000名法官,我们有多少?有20多万名法官,能养得起吗?想要提高法官待遇,一定要压缩法官编制,别无其他途径。法官要减少,案件还有这么多,合议制从哪儿来那么多人?还是得要陪审制,所以我说别无他途。

那中国司法改革的动力在哪里?《决定》里提出动员广大人民群众参与改革,而改革的对象无非是官僚团体。现在中央在推,那么中央怎么动员人民群众改造司法?还是让人民群众进去。英国著名法官丹宁说:陪审制是自由的明灯、宪法的车轮。多年前,我一直提中国的政治改革要优先从司法突破,从审判民主和陪审制突破。人民陪审团如果不落实,其他改革就看不到前途。这是一个最根本的问题,这个问题解决后,才有可能突破,一些问题才能迎刃而解。这次《决定》里出现人民陪审员制度和人民监督员制度,我以前没有看到过,我觉得这挺有希望。

这次改革不明确的地方在于回避了一个问题:法院到底是国家的还是地方的?如果法院是国家的,从道理上讲,法官就应该由全国人大来任命。但实际上,全国人大不可能任命到县一级法院的法官。多年来，我一直提把中级以上法院的法官国家化。中级以上法院的法官国家化，由全国人大任命，这样至少可以解决上访问题。所谓上访，是老百姓到北京找京官，地方官到北京找京官，如此还不如中央把京官送出去。现在这个方案将来执行起来非常难。应逐级进行，先把省一级的法院国家化，再把中院国家化。有人建议搞大区法院，跟行政区划不一致，这是有问题的。不如把省一级的法院国家化，让法官转起来。最高法院500多个法官，把400多个压到高院去，高院的法官再压到中院去，让法官在全国转起来。基层法院的法官没法国家化，就地方化，通过上诉，由国家法院控制。

回归司法理性
——辩审冲突的根源与应对

社会热点

辩审冲突现象是司法领域具有中国特色的一种独特现象。在控、辩、裁三方的刑事构造中，法官的地位是中立的，也应该是独立和公正的，只有检察院的检察官和辩护方的辩护人才有可能当庭进行激烈的对抗，不应该出现法官和律师的对抗。但是在中国，辩审冲突现象有愈演愈烈的趋势。很多重大个案中，都出现了律师遭受不公正司法待遇的现象。这个问题值得反思：在合理的控、辩、裁三方结构中，缘何应该居中、独立的法官，却走到了对抗的第一线，产生了中国特色的辩审冲突问题？

谢佑平（复旦大学司法与诉讼制度研究中心主任）：辩审冲突这个话题很大、很重，之所以"大"和"重"，是因为它涉及我们的司法体制改革。因此，它是一个非常重要的理论问题。对于这个问题，我想谈以下几点。

第一，辩审本来就没有冲突。辩护方是站在维护被告合法利益的角度看问题、提意见的，这种观点和意见对审判方绝对是有好处的。一个真正的、理性的法官，是愿意倾听辩方的意见的，希望自己的判决是公正的。从对案件公正的角度来讲，辩护方做的任何工作都是有利于法官综合思考的，兼听则明。所以，从理论上讲，法官和律师是不应该有冲突的。这是我们应该看到的一个大的理论前提，从诉讼原理、司法公正的要求，从司法公正的实现方面去看，辩审不可能、不应该有冲突。

第二，辩审一直以来也没有冲突。从近几年发生的现象来看，辩审冲突问题似乎越来越严重，这跟执行渠道是否畅通有关系。律师的话是讲给法官听的，法官跟律师没什么矛盾，跟检察官可能会有些矛盾，这是正常的。所以，从以往的诉讼历史来看，这种现象很少。

在国外，我们很难看到法院的法官把律师赶出法庭。律师非常尊重法官，法官也愿意倾听律师的意见，双方之间是一种相互理解的关系。很多法官是从律师做起的，他们知道自己在当律师时的感受，迫切希望听到律师的声音，怎么可能跟律师有一种紧张的关系？律师的话哪怕有偏见、有立场，也是有价值的。所以，国外没有法官与律师的冲突。如果律师做了过分的行为，法官会警告律师，律师进而会收敛自己的行为，会尊重法官的意见，不会出现中国这样的法官与律师的紧张关系。

第三，应该辩证地看待辩审冲突。辩审冲突是可控的、局部的、个案的，不是一个泛滥的现象，绝大多数律师和法官是相互尊重的，处于情绪化可控的状态。我们不要把这个问题看得过分严重。

另外，辩审冲突有两面性——正面性和负面性，或者积极性与消极性。负面性的冲突会让老百姓感觉法庭审判有点像闹剧，司法无尊严。法庭上出现法官跟律师之间闹起来，甚至相互指责、谩骂的局面，极有损司法形象，有损司法在人们心目中的地位。

同时，我们要看到辩审冲突有它积极的一面，是整体权利意识提高的表现，是公民权利意识、律师权利意识提高的结果。以往为什么没有这种紧张的关系？因为以往辩护流于形式，特别是律师公职化。现在律师、当事人权利意识提高，较真的劲儿比以前大。其实，这是进步，是好事。

再者，庭审对抗性加强。以往庭审都是质询性的，即法官问律师答，辩护不够。很长一段时间是先判后审，法官把判决书打好，开庭的时候读一读，这种情况下不可能有对抗、有冲突。两次《刑诉法》的修改，有意识地加强了庭上对抗。对抗是发现真相的最好方式，真相如何发现？人类历史上有两种发现真相的方式：一种是打出来；一种是辩论式、对抗式的。打出来的方式很可能造成冤案，因此，还是辩论式最好，理性、公开、透明，百事讲道理，只有这种方式能保证真相来得自然、可靠、公正、客观。

另外，公众对法官审判有了更高的期望，希望公正。这也是一种进步，从这个意义上讲，辩审冲突是有积极意义的。

第四，辩审冲突到底是什么？从心理学的角度来讲，辩审冲突是辩审双方情绪异化所导致的一种行为走样。辩审冲突的本质和核心是辩控冲突中国式的反映，不是辩审冲突，而是辩控冲突，跟控诉方的冲突。这是一种中国式反映、中国式现象，是特定历史时期要经历的一个过程。我们在法庭上对抗的是控方，而表现出来的是审方跟我们冲突起来，因为法庭上是法官维持秩序，检察官在后面。我们辩护律师指向的是控方,绝不是审方。

第五,辩方情绪异化的原因是什么?我认为既有辩方的问题,也有审方的问题,更多的是审方的问题。我先讲辩方的问题。

辩方的情绪异化有四个方面的原因:一是在侦查起诉阶段,律师的某种权利受到限制,冲突是律师对限制不满的一种发泄。侦查起诉阶段相对来讲比较封闭,我认为世界上没有哪个国家的侦查机关有中国这么强大,运用的手段种类之多、手段的便利性,都是世界上大部分国家比不上的。长期以来,我们给了执法机关很大的权力,比如有拘留30天以上的决定权,就这条,我们很难找到类似的国家。收查、扣押不去审查,他们说了算,这条也很难找到类似的国家。律师会见要经过批准,这样的国家也很少。在跟他们打交道的过程中,律师难免会受到不公的待遇。因为为了侦查利益的需要,个别侦查机关可能会违法,而律师又讲法,违法就会不满,然后在庭上发泄。所以,应当开放侦查,让他们真正严格依法开展侦查活动、起诉活动,减少辩审冲突现象。

二是个别律师觉得侦查机关或者司法机关对自己当事人的权利进行限制,不好向谁倾诉,法院又没有及时回馈,所以时不时在法庭上表现出维权的倾向。这也是导致律师情绪化的一个重要原因。

三是律师自己在法庭上受到某种不公待遇,某种要求没有得到满足所产生的情绪化。有些案件前期进展是好的,侦查起诉也没有问题,当事人本身也没有问题,问题出在律师自己身上。律师自认为要求是合理的,但他的要求没有得到满足,这时候就产生了情绪,要发泄。加之法官在法庭上又过分看重公诉机关的意见,时不时地会打断律师的讲话,总觉得律师讲话多余;而检察官讲话,讲多少都没有关系。主审法官的这种庭审偏移也会挑动律师的情绪。所以,律师认为:我是中华人民共和国的律师，在法庭上讲话是我的权利，为当事人争取利益是我的职责，为什么被当庭打断？因此，律师觉得被藐视，会情绪化。所以，法官要树立对律师平等尊重的意识。

四是律师对法官不尊重或者不认同职业身份的发泄。我个人认为：中国司法界产生的这种现象部分源于身份之见。中国没有法律职业梯级制，从业者相互瞧不起，律师瞧不起法官，法官也瞧不起律师；律师瞧不起检察官，检察官也瞧不起律师。其真正原因在于法律职业没有阶梯标准。国外的很多法官是从律师中遴选出来的，法官有若干年的经验，备受尊重。律师会觉得你是一个智者、长者，水平一定比我高，会认同你。中国没有这种制度，就容易出现问题。为什么检察官和律师之间会出现口水仗？为什么律师和法官之间会关系紧张？重要的原因在于应有的尊重制度未建立起来。客观地讲，很多律师对《刑诉法》条文的了解程度、记忆程度是惊人的，他们可以随时把条文背出来，而且不会错，第几条第几款都烂熟于心。法官言行稍微不规范，他们就把条文拿出来，直接指明你违背哪个条款。有些律师的理论水平，确实要高于法官。加之律师本能地瞧不起法官的心理，情绪就会异化。

第六，审判方情绪异化的原因以及应对方法。审判方是法律的主宰，在国外，司法是以审判为中心而构建的。中国的司法是多中心主义。审判是中心，但非真正的中心，中心在前移。检察院负责起诉，他们认为自己是中心，认为自己是最重要的。还有一个单位更认为自己是中心，即公安机关。公安机关认为自己是真正的中心，立案、抓人、定性，把这些事做完，才交给检察院，检察院再交到法院去。这三个中心之间有一种相对的隔离、相对的独立，也就是说，每个中心都自认为很重要。在国外，只有审判才是真正的中心，其他环节都是为法庭审判做准备的，包括控辩两方都是为法律审判做准备，控方的检察官和侦查机关的所有活动都是如此。他们不会认为自己是中心，真正的中心是法庭。在这种大背景下，产生辩审冲突有三方面的原因：

一是辩审冲突跟目前法院案多人少、任务重有关系。例如，2013年一年，上海浦东法院平均一个法官审了230多个案子。法官没有足够的时间对案件进行思考，又怎么能要求他做到理性、公正地判决？所以，要考虑让法官理性地裁判，任务不要那么重，要分流。

二是个别案件控方质证水平不高，以及内部考核的压力，也会使法官情绪化。控方的控诉、证明水平不高，但法官仍然承受着要判决这个案件的任务。加上内部考核制度，判有罪吧，不好向检察院交代，检察院不好给公安一个说法；判无罪吧，起诉不成功，内部考核会降分、降级，检察长也会出面。所以，一般情况下，法官要判无罪是很难的。可是，判有罪吧，证据水平又不够，律师往往会抓住证据的漏洞，不断地攻击。实践中，律师水平往往很高，一眼就能看出案件有问题。所以，在这种情况下，法官背负了种种压力和各种内部考核指标，不得不违心地坚持判下去。法庭上，法官经常是希望律师少讲一点，但律师又想多讲一点，所以冲突就会发生。

从制度原因上讲，我们的质证水平不高。为什么不高？跟结构有关系，我们的侦查、起诉是相对隔离的制度。国外侦查、起诉是合一的、整合的，国外有侦诉一体的制度。法庭上检察官面向法庭、面向律师，充分出示他们在前期收集来的证据，所以，国外的检察官比我们的质证水平高，法庭上的辩论也很精彩。法官调动了两边的积极性，让两边真正斗起来，这样才能展现出很高水平的法庭审判。而中国呢？本来我们的质证水平就不高，案件又交给检察院，检察院觉得证据不足，大不了退回补侦两次，退回补侦两次后，还是解决不了问题。一个案子如果往前走不了，只能往后退。实践中，退回补侦并没有什么好效果，因为证据可能已经消失了，收集不到了。这就是中国的侦查和起诉的隔离制度，这种隔离产生内耗，降低了质证水平。所以，应该把两者真正结合起来，才能提高质证水平。这次《刑诉法》修改对证明的要求明显提高，证明责任也非常明确。

三是司法地方化和司法行政化导致法院承担审判以外的附属任务和功能，这是导致辩审冲突的又一个重要原因。一个依法审判的法庭，原则上法官与律师之间不可能有冲突，律师的意见供法官参考，给法官打开思路，怎么会有冲突？原因是法院承担了审判以外不该有的附属任务和功能，这种任务和功能使得法官的心理压力很大。在司法地方化、行政化的体制下，法院的财政地方支持，人事地方党委安排，这个案件是地方公安局做的案件，为当地某种目标需要而做的一个案件，比如拆迁中的案件，这是当地政府的大事情。案件到了法院，法院照样要承担这个任务，把这个事给搞定。这就是一种额外加在法院审判者头上的任务，这种功能在司法地方化下非常明显，甚至可以把它理解为维护地方的一种工具。十八届三中全会提出去地方化、去行政化，目的是使法院回到原本的审判者的角色上来，负责裁判、依法裁判，保持中立。

总体而言，辩审冲突是一个暂时的现象，是一个必经的阶段，有积极性也有负面性，有技术原因也有体制原因，有律师的因素也有法官的因素。

思维共振

张建伟（清华大学法学院副院长）：

辩审冲突是司法中权力运作和诉讼的表象，实际上辩审冲突的实质是国家权力和个人权利之间的冲突。法院代表了国家权力和政府权力的运作，当检察机关与代表着个人权利的辩护方产生冲突时，法院并没有把自己从中择出来，取得一个凌驾于双方之上而居中审判的地位。相反，我们经常看到法官冲到台前，成为侵权的一个来源，与维护个人权利的辩护方产生激烈冲突。所以，这种冲突是国家权力与个人自由权利之间的一种冲突。

另外，关于辩审冲突，我觉得不能把问题都归咎于司法专横。社会上有一种疑虑，认为律师的抗争是被挤压而形成的，是当前诉讼形态下的变态反映。但不可否认，有的律师是为了个人利益、为了突显个人形象而炒作。

如何使这种辩审关系有所缓和？我觉得需要形成一个相互制约的机制，比如我国台湾实行的审、控、辩三方互相评鉴制度。台湾法官以前也有专横的情绪，律师也相当嚣张，现在搞了三方互相评鉴制度，至少使法庭上的法官非常低调、非常温和。媒体报道：台北一法官因在法庭上对被告人呵斥、咆哮，被检察院惩处，停职一年半。媒体称之为"愤怒鸟检察官"。现在，我们大陆缺乏的是制度对公权力的限制，所以我们的律师处在一定的困境中。

陈永生（北京大学法学院教授）：

我想说几点：

第一，从发达国家的庭审情况来看，辩护人对法官的行为进行挑刺、质疑是一种常态，只要是在正常的法庭上，就必然存在辩护人对法官行为的质疑。

第二，为什么说中国的法官承担了控诉职能？

一是从法院的裁判来看，中国近几年法院判处的被告人数量在100万人左右，但无罪案件到2010年只有999件，从1979年到1996年再到2012年，刑事诉讼在不断地进步，无罪率却在不断地下降。

二是对疑罪案件拒不做出无罪的裁判。从1996年始，《刑诉法》就明确规定：对于审判阶段的疑罪案件，法院应该做无罪的裁判。实践中，法院一般不敢做无罪裁判，会申请检察机关撤回或补充证据后再判。所以，近年来媒体报道了大量的冤错案件。

三是法官在法庭上限制律师的发言，而对于检察官的发言，却有充分的耐心去听。庭审时，法官经常会以"和本案无关""前面已经说过了"等理由限制律师说话。显然，与本案有关的也说"与本案无关"。于是，律师一忍再忍，实在忍不住时，就有激烈的言辞。我认为这是人之常情。

四是辩护方申请证人出庭，法官屡屡驳回。无论是辩方申请控方证人出庭，还是辩方申请自己本方证人出庭，法官经常不许可，甚至走极端。

五是对于辩护方申请排除非法证据，法院是千方百计地不启动。即使启动了，最终得出的结论也是侦查人员询问嫌疑人的程序合法，证据不予排除。

六是辩护方申请法院调查取证，法院很少批准。大家知道，辩护律师有权调查取证，但难度很大，因为辩护律师调查取证要证人同意，还得法院、检察院许可。

第三，中国的刑事诉讼仍然存在很多问题。虽然我们没有办法审查律师的每一个意见是否正确，但可以确定的是，中国的刑事诉讼还存在很多问题。

何兵（中国政法大学法学院副院长）：

中国的法庭可以概括为两种：第一种是充满硝烟的法庭。律师在法庭上吼也好，法官在法庭上吼也好，法院把律师架出来也好，律师给法官送红薯也好，都是辩审冲突的体现。不过，这样的法庭还是比较少的，因为能在网上发声并有影响的死磕律师毕竟不是很多。很多人认为中国的死磕律师会有多大力量，有多少法律人在那儿死磕，其实不然，放眼望去，真正和法官发生辩审冲突的律师只有那么一些人，大部分律师选择的是沉默。所以，中国更多的法庭是鸦雀无声的法庭，这是第二种法庭。这些年，随着刑事辩护的下降，刑事辩护率不足30%，也就是说，70%的刑事被告人是在没有任何律师帮助的情况下面对着国家公权的指控。这70%能发出什么样的声音？有的地方的刑事辩护率只有百分之十几，又有多少律师可以选择"跟法官死磕"？中国的刑事法庭，主要是鸦雀无声的法庭。

我们国家的问题在于：第一，为什么检察官愿意和敢于坚持错误？这才是一个真正的问题。第二，控方能控制法官，这才是要害。一个法官告诉我，从他们法院建院以来，就没改过检察院的起诉意见。检察院起诉什么，他们就判什么。所以，我们应当看到，中国目前的很多案件是控方控制着审判方，审判方没有办法。这才是问题的真正根源。法官一天不独立，辩审冲突就一天无法解决。如何看待辩审冲突？我认为辩审冲突正在产生新的秩序。从纠纷解决的社会学分析来看，任何一种新秩序都是在冲突中产生的。冲突和纠纷具有秩序再造的功能。对于辩审冲突，作为执政党、作为学者，应该站在更高的境界看它。

杨学林（法律从业人员）：

律师的战场应该在法庭上，法官的战场也应该在法庭上，这不是一个问题，但严酷的司法现实生生把它变成了一个问题。

对于辩审冲突，我们要问一句：法官的战场在哪里？法官的战场早已不在法庭上了。法官在法庭上不是来审理案件的，而是来贯彻某些领导的意图的。于是，律师的死磕应运而生。

我用16个字来描述死磕：法条较真、网络揭露、举报投诉、行为艺术。除了法条较真的战场主要在法庭上，后面三种方式的战场都不在法庭上。所以，我们说律师的战场既在法庭上，也在网络上，因为它符合中国特色。现在出现了一种宇宙真理：当公权力肆意违法时，就以"中国特色"来掩饰；当私权利试图采取救济措施来抵抗这些违法时，又以"普世原则"来要求。许多善良的法律人纠结于此，无法自拔。司法环境是否恶劣到非得死磕不可？难道不死磕会死人吗？

死磕的前提是办案机关明显且严重违法，才可以去死磕。

死磕的原则是只磕公权力不磕私权利，只磕程序不磕实体。这不是我发明的，而是我发现的。

告官为什么这样难？
——《行政诉讼法修正案（草案）》研判

社会热点

这次《行政诉讼法》的修改，引起了学界乃至全社会的关注，这是24年来的首次修改。目前，行政诉讼有三难：立案难、审理难、执行难。这次《行政诉讼法》的修改，从轻的方面来说是保护人民的权利，从大的方面来说是维护国家的稳定，从更高的角度来说，涉及习近平总书记所领导的党中央的"法治中国梦"能否实现。因此，这次《行政诉讼法》的修改意义重大，对稳定社会有积极的促进作用。

这次修改有几方面问题：

第一，想打开诉讼的渠道来解决立案难。目前，我国每年只有10万件案子，学者分析其中的原因：一是受案门槛较窄，以至于很多案件不能正常纳入诉讼；二是法官自由裁量权滥用，行政干预司法，加上审判体制等问题。

第二，把红头文件纳入司法审查的范围。

第三，审理难。如何提高司法独立性也是本次修改涉及的重大问题。修改方案提出要适当地把审判集中，由一个区域法院审理其他区域法院的案子。还提出完善证据制度和诉讼参加人制度，加大原告的范围，明确被告资格，增加代表人制度，等等。

此外，还有如何解决执行难的问题，这些都是社会上比较关注的问题。

马怀德（中国政法大学副校长）：《行政诉讼法》在实施24年后，第一次迎来了修改的机遇，非常难得。我从《行政诉讼法》修改的三个问题，具体谈谈我对行政诉讼的看法和建议。

第一个问题是为什么《行政诉讼法》要修改？全国人大在修改意见的说明里讲了三个理由，主要理由是：行政诉讼法院立案难、审理难、判决难，所以行政诉讼制度需要修改。但我认为，这只是一个视角，因为《行政诉讼法》的修改只从法院角度去观察可能是不够的，还应该从以下两个角度去观察。

从原告的角度，即老百姓的角度去判断、观察，我认为《行政诉讼法》修改的原因是老百姓不会告、不愿告、不敢告。很多老百姓不知道《行政诉讼法》为何物，也不知道这个制度到底有多大用处，不会告的大有人在。不愿告，是因为对这个制度没有信心，不相信法院的裁判能带来公正的结果。最关键的是不敢告——这可能有深厚的文化传统的影响，也跟我们社会的行政权力过大、使用不规范有关系。因为老百姓怕被报复，怕被穿小鞋，告了一次，以后想安生过日子就不容易了，所以不敢告的也大有人在。这是从原告的角度来讲行政诉讼制度面临的困难，也是这部法律需要修改的原因。

从被告、行政机关的角度讲，我觉得存在三方面的问题：一是不配合。即便法院立了案，让行政机关在法定期限内提交答辩状，提交做出行政行为的事实、法律依据，许多行政机关也不配合，不答辩、不出庭、不应诉，甚至在立案阶段对法院采取一系列干预措施。二是好干预或者干预多。不同于民事诉讼，行政诉讼的被告是行政机关。行政机关有各种各样的资源和权力，所以在诉讼过程中，除了对原告外，关键是对法院施加各种各样的影响和干预，利用自己控制的资源对法院受理案件的行为加以干预。三是易报复。不说喜报复，至少是易报复。为什么很多相对人不敢告？因为万一得罪了行政机关，以后的日子就不好过了。行政机关有权有势，有能力报复你，选择性执法，各种滥用权力，就迫使你不敢再告了。因此，立案难、审理难、执行难是行政诉讼中最大的问题。

原告"不会告、不愿告、不敢告"，和行政机关作为被告时的"不配合、好干预、易报复"，这些问题共同造成了行政诉讼案件一直在十多万件徘徊不前，而同期信访机关受理的涉诉、涉法案件，大部分是行政案。这类案件保守估计有两三百万件，这些案件没有进入法院行政诉讼的渠道。这足以证明行政诉讼制度本身已经有些失灵，在化解纠纷、解决矛盾方面出现了问题。

总结下来，修改《行政诉讼法》的原因主要有以下几点：

第一，《行政诉讼法》年久失修。一部法律实施了二十四五年，没有经过修改，社会背景、经济状况都发生了很大的变化，而法律本身也面临着很多困难，需要修改。

第二，现状堪忧。从行政诉讼案件的数量和老百姓告状难的角度来讲，现状的确堪忧。

第三，从维护公民人权、维护社会公平正义的角度来讲，需要抓紧修改《行政诉讼法》，否则它发挥不了保障人权、维护社会公平正义的作用。

第四，《行政诉讼法》在监督政府、依法行政、建设法治政府方面有不可替代的作用。监督政府、促进政府依法行政，我想除了行政机关内部监督、社会监督之外，最重要的是司法监督。

第五，从国家治理体系和现代化的角度来看，行政诉讼制度是国家治理制度的重要组成部分。

所以，修改《行政诉讼法》是完善国家治理制度、实现国家治理体系现代化的重要目标，也是维护国家长治久安、维护政权稳定、维护人民安居乐业的重要保障。

第二个问题是应该改什么？

第一，行政诉讼的目的。行政诉讼的目的不仅仅是监督行政机关依法行政，也不仅仅是保证法院及时、正确地审理案件，更多的是化解社会矛盾，解决公法上的争议，解决行政争议。

第二，扩大行政诉讼的受案范围。我建议放开两个限制：其一，不要局限于具体行政行为，凡是行政行为造成相对人的权益受损，都可以提起诉讼，包括抽象行政行为、内部行政行为等。其二，取消人身财产权的限制。只要是法律赋予公民的合法权益受到侵害，都可以提起诉讼。

还应该明确增加三类行为：一是抽象行政行为。抽象行政行为也叫红头文件，这类行为实施后给相对人造成的损害，要比具体行政行为严重得多。二是内部行政行为。行政机关做出了法律上的某种行为，对相对人包括内部工作人员、行政机关公务人员造成了影响，不能被诉，从道理上说不过去。三是在扩大行政诉讼的受案范围过程中，行政机关做出的影响相对人各类合法权利的、以非行政行为的形式表现出来的行政行为，必须得到有效的关注。

第三，行政诉讼的当事人、第三人、诉讼参加人。《行政诉讼法》在修改过程中应该明确规定：所有经过复议的案件，不管是复议机关不作为，还是复议机关改变行政行为或维持原来的行政行为，一律由复议机关做被告，顶多可以让原机关做第三人。

另外，行政诉讼的被告，凡是行使的是公共事业、公共企业的职能，为社会公众提供普遍服务，我觉得都可以考虑列为行政诉讼的被告。当然，行政诉讼的原告范围也必须扩大。

第四，行政审判体制。现行的行政审判体制对行政诉讼制度的发展造成的障碍最大，靠提高管辖级别或者靠交叉管辖、集中管辖解决不了行政审判体制中的重大问题。我建议设立独立的行政法院。

第五，行政案件的审理程序和相关制度。这里有几个比较细致且很关键的问题：

一是关于起诉。行政诉讼起诉难是大家公认的问题，全国人大也认为法院立案难是这次修改法律的主要动因。起诉难跟法院立案难是同一个问题。原告起诉，法院不受理。为什么不受理？法院有很多难处：不想受理、不愿受理。为了解决起诉难和立案难，我建议在修改《行政诉讼法》时，除了保留现行的修正案（草案）里的这几条条款外，还应该明确一条：检察机关可以支持原告提起诉讼。这是检察机关介入行政诉讼的重要途径，也是一个必要途径。检察机关支持起诉，利用检察院的力量来督促法院受理案件，这不是不可能。检察机关发出检察建议或者要求法院立案，只要是检察机关审查认为应该立的案，法院接受检察机关的意见和建议立案，也是可以考虑的。

二是关于调解制度。《行政诉讼法》明确规定行政诉讼不得调解，但在实践中，调解的比例非常高，只是不以调解书的形式结案而已。

这种方式，有人称"和解"，有人称"协调"，有人称"做工作"，总之是让原告撤诉，或者让被告改变行政行为。实践中通过调解、和解、协调结案的案件数量已经达到了相当高的比例，这是不正常的。为什么法律明确规定禁止调解，但大家都在调解？这说明法律文本和现实之间有冲突。所以，我觉得《行政诉讼法》的修改不应该再禁止调解，不过调解要设定一定的条件和程序，对调解书的效力也应该有一定的保障。总之，要承认调解，明确调解的范围和程序。

三是简化程序。《行政诉讼法》制定当初，为了防止行政案件被法院随意处置，保障行政机关行政管理的秩序，提高行政效力，明确规定行政审判只能用合议制。但在实践中，大量的行政争议案件名为合议，实际上是由一个人，即主审法官起着更多的决定作用。从效益来讲，事实明确、争议不大、标的不大的案件，没有必要动用合议庭去审理。所以，设立简易、快速的行政审判程序是必要的。

四是民行交叉案件的处理。现在《行政诉讼法修正案（草案）》规定，民行案件如果有交叉，法院应采取一并审理的方式。一并审理主要体现在判决上，现在的判决方式并没有体现这一点。所以，应该扩大变更判决的范围，解决民行交叉问题。这在实践中是一个非常突出的问题，河南焦作的一起纠纷，审了10多年，出了20多份判决，这是不正常的。

第六，判决执行。最关键的是要解决行政诉讼中几类诉讼的判决形式问题。我们主张建立公益行政诉讼制度，也就是说，在没有利害相关人提起诉讼的情况下，检察机关或者社会团体可以对行政机关侵犯公共利益的行政行为提起公益诉讼。公益行政诉讼既可以由检察机关提起，也可以由公益团体、纳税人提起，但公益团体、纳税人提起在《民事诉讼法》修改过程中做了严格限定，这种限制过于死板了。

现在，随着社会团体的不断发展，能够承担维护公共利益职能的NGO、社会公益组织越来越壮大。我觉得，应该放开起诉立案的条件，允许这些公益组织作为原告。当然，公民个人如果认为应该提起公益行政诉讼，自己又没有原告资格，可以要求检察机关提起公益诉讼。但判决形式要区别于一般的行政行为的判决形式，因为针对抽象行政行为、普遍行为或不作为行为，有很多特殊的表现形式。我同意全国人大在《行政诉讼法修正案（草案）》里取消维持判决的意见，确实应该取消维持判决，增加给付判决、确认判决，扩大变更范围是必要的。最重要的是，在抽象行政行为案件的审理过程中，全国人大的意见是可以一并提起对规章以下的规范性文件的审查请求。仔细看这个条文并没有太多的新意，因为这并没有引来法院的一并审理和判决，没有判决就不存在审查，没有审查也就不存在对抽象行政行为的诉讼类型。所以，应该建立一个完整的对抽象行政行为的诉讼类型。也就是说，原告在什么条件下提起诉讼，法院的审理原则、标的、判决类型、判决方式等，都应该做明确规定。应该有独立的抽象行政行为审理判决程序。这里要明确的是，法院经过对抽象行政行为的审查，应该有权做出确认违法或者撤销的判决，而不是如《行政诉讼法修正案（草案）》中规定的送交有关机关去审查。所以，增加对抽象行政行为的审查，并明确一个审判类型、判决方式是非常必要的。

第三个问题是如何执行。我认为比较可行的做法是在《行政诉讼法》原有条文的基础上增加两种条款：一种是罚款的条款。不能拘留，但可以罚行政首长个人的款，从工资里直接划扣。另一种是追究刑事责任的条款。追究刑事责任是在符合刑法关于拒不执行法院判决裁定的情况下而做的。当然，我们曾经设想过能不能设立一个"藐视法庭罪"，以藐视法庭的名义来追究他的责任，但那属于刑法的问题，在

《行政诉讼法》里不好规定。增加罚款处罚、追究刑事责任的相关条款，加上公告制，我想这对法院判决裁定的执行会有一定的效果。

最后，我想就如何修改《行政诉讼法》提一点建议。我认为《行政诉讼法》的修改必须慎重，必须保证公众的广泛参与。《行政诉讼法》本来就是一部关系到亿万公众的重大法律，应该让更多的公众去关心它、修改它。应从便利公众修改意见发表方面再做一些努力，比如是否可以再次公布《行政诉讼法修正案（草案）》的意见，再次用更加便利的方式，允许社会公众发表意见和建议，听取大家的意见，这样才能把法律修改好、修改完善。而我们现在的修改，是把司法解释汇总到《行政诉讼法修正案（草案）》里，起到的无非是打补丁的作用，整体修改不解渴，该改的地方好像没有改，不该改的地方又改了不少。修改《行政诉讼法》是一个苦活、难活，希望大家共同参与此过程。

思维共振

沈岿（北京大学法学院副院长）：

国家治理的现代化，绝对不容许行政权独大的现象存在。《行政诉讼法》的修改，要进一步提升司法的地位，要形成一个权力制衡的治理体系。

另外，我提三点：第一，我理解司法不独立，一是对内法官不独立，二是对外院长不独立。院长不独立，直接关系到法官不独立。

第二，现在的《行政诉讼法修正案（草案）》中拘留行政首长，我的想法是,如果行政机关真的不执行法院的判决,在一个现代的治理体系中,行政机关的首长要负政治责任,而不是法律责任。

第三,检察机关的立案建议可以再谨慎研究,或者说检察机关介入行政诉讼,行使监督权的长度、权限范围应该慎重考虑。

何海波(清华大学法学院教授):

《行政诉讼法》为什么要修改?因为《行政诉讼法》的状况是"困顿挫折""穷途末路"。为什么这么说?因为立案难、审判难、执行难。首先看立案难。据统计,全国每年有13万宗行政诉讼案件,上访量是上千万人次,到国家信访局上访的就有几十万人次。由此可以看出立案难的程度。

再看审判难,体现在两方面:一是判决少,二是判老百姓胜诉的少。这些年,法院实际判决的行政诉讼案件只有30%,67%的案件被撤诉了,还有一些被法院驳回。在判决的案件中,老百姓胜诉的最多只占7%~8%。在上诉的案件中,90%是老百姓上诉的,政府上诉的不到10%,由此可以看出一审偏向谁。再看二审,二审改判的有多少?这几年,二审改判的不到10%。可以想象,为什么国家信访局门口聚集了这么多人。如此长期下去,行政诉讼不仅保护不了老百姓的合法利益,还会危及法院的信誉,危及行政审判制度的信誉,当然也会危及国家的长治久安。因此,《行政诉讼法》必须修改。

那么,改什么?问题的症结在哪里?全国人大法工委的草案出来后,有学者呼吁扩大受案范围,把规范性文件纳入受案范围,把内部行政行为纳入受案范围,要开通公益诉讼的渠道,还有其他种种设想。这些我都赞同,但是,不解决司法审判的独立性问题、权威性问题,所有美妙的设想都是事倍功半。

我个人认为，比较现实、成本比较少、收效比较明显的方案是提级管辖，由中级法院来审行政案件，少量案件由高级法院审。虽然提级管辖也会带来一些问题，但我想，只要我们下定决心，这些问题都好办。

梁凤云（最高人民法院行政审判庭法官）：

设立专门行政法院是本次修法工作的重要内容，如果行政体制不加以改革，《行政诉讼法修正案（草案）》不过是修修补补。

全世界200多个国家和地区中，有70多个国家设立了一般行政法院和特别行政法院。从我们现在的人员储备来看，完全具备设立行政法院的条件。我们现在有行政审判人员12000多人，加上其他庭的，有16000多人。设立行政法院，如果一个省需要两个行政法院，再特设一个高等行政法院，总共不会超过80个行政法院。根据海事法院现有的编制规模，一个法院100人，我们只需要8000人，而我们的人员储备是16000多人。

另外，我补充几点：第一，这次修法，立法机关说要解决"三难"问题。"三难"是法院的事，其实这次修法不仅涉及法院，还涉及当事人、行政机关和国家治理。

第二，谈及行政诉讼的目的，很多人提到要把"解决行政争议"纳入行政诉讼立法的宗旨里。为什么这么强调？因为行政争议的范围比较大。行政争议不仅包括行政机关和相对人之间的争议，也包括行政机关之间、国家和地方之间的争议。

第三，现有的具体行政行为和抽象行政行为一定要合并。因为所有的行为都是具体的，没有抽象的行政行为。不管是以决定书的形式还是以文件的形式，只要这个行为涉及处分，就是具体行政行为。所以，抽象行政行为和具体行政行为的划分根本没必要。

现有的《行政诉讼法修正案（草案）》把保护起诉权放到基本原则里，我认为放到总则里还不够，一定要表述为保护当事人的"诉权"。保护诉权不仅仅是保护"起诉权"。保护诉权是一个宪法原则，最突出的体现应当在行政诉讼中。

最后，要明确法院的选择适用法律权力。我们提交到人大的建议稿里有这一条，但现在变成了另一个样子。我们认为，一定要加上一条：如果法院根据《立法法》的规定，可以选择适用的，就根据《立法法》的规定选择适用。只有在不能选择适用、不能确定如何适用的情况下，法院才能报请有关机关进行裁决。这是我们必须理解和明确的。

韩春晖（国家行政学院法学部副教授）：

我对《行政诉讼法修正案（草案）》的总体判断是：缺乏追求，屈于现实。草案存在几个问题：

第一，什么是行政诉讼？国外的行政诉讼包括三种：一是民告官，二是官告官，三是官告民。我国不存在后两种行政诉讼。法院也不太想发挥行政诉讼的作用，一直在回避。《行政强制法》出台后，法院应当如何执行？我看比较难办，除非政法委牵头。法院的一贯思维是遇难事绕道走。法院懂法，行政机关也懂法，但老百姓并非都懂法。从根本上讲，如果行政诉讼能解决纠纷，能维护人民权利、监督行政机关，就不需要修法了，只需要把顺序改一下，把"监督"放在前面，"维护"放在后面即可。

第二，范围问题。我赞同扩大化修改、简单化处理。

第三，公益诉讼没有实质性突破。

第四，修改草案对规章持一种暧昧的态度，规章始终游离在法律规范之外。

第五，判决种类问题。我觉得需要增加一种：禁止令的判决。现在的行政机关不仅仅是消极地不执行，甚至是积极地干预不执行。所以，禁止令的判决对很多积极违法作为的情形、执法不规范的情形很有必要。

我认为，在现阶段设立行政法院不大可行，因为司法的中立性、公正性不仅是行政诉讼的问题，其他诉讼也存在此类问题。另外，公正性问题并不是提高级别能够完全解决的。在目前的状况下，可以通过提高审级来缓解这个问题，但异地管辖也有财政等问题。

田力（最高人民检察院民行厅检察官）：

我谈几点看法：第一，这次《行政诉讼法》修改草案中明确了检察机关在其中的职能，细化了一些监督程序。就监督范围来说，审判权在诉讼中的行使过程都属于检察机关监督的范围，包括立案、审判、判决以及判决的执行。这次《行政诉讼法》的修改有些内容予以明确了，有些不是很完善。

第二，需要明确的是监督的方式。原来《行政诉讼法》只规定了抗诉，没有规定监督方式，这次修改增加了检察监督的方式，但检察监督的效力是什么，未进一步规定。两高在司法解释中对这方面有一些规定，我觉得《行政诉讼法》的修改应当将这些内容吸收其中。检察机关提出检察建议，到了法院，有什么法律后果？在多长期限内能产生一定的法律后果？希望在这方面能够进一步明确。如果检察监督方式没有保障，那么这种方式就不会发挥预想的效果。

第三，要进一步完善监督程序，比如如何抗诉、起诉期限、什么时间审理等。如果这些没有规定，案子会久拖不决。

第四，公诉问题。行政公诉问题是《行政诉讼法》修改中的重要热点，但这次没有规定，可能是因为没有相应的司法实践作为支撑。检察监督，涉及介入程度和深度的问题，如果进一步说，可能会涉及审判权是否需要监督的问题。监督能达到什么样的效果，对此我不好做出评价，但从一个司法实务工作者来看，有监督比没监督的效果要好。

疯癫与文明
——中国精神病诊治的问题与对策

社会热点

根据世界卫生组织的研究，我国的精神病发病率已达20%，而全世界的平均水平为10%。世界卫生组织预测：未来20年，我国的这一比例将增至25%。有资料显示，我国各类精神病患者已达1亿，重性患者约1600万。精神病到底应该由家人来管治，还是社会来管治？

报告指出，我国没有把精神障碍的救治当作政府责任。长期以来，绝大多数精神病人由家人负责看管，并居家治疗。病人家属一则缺乏必要的医护知识以及技能，二则没有时间和精力来照顾患者，三则难以支付高昂的医疗费。

对于有暴力倾向的重症患者，政府给予的救助远远不够。由于家人的安全得不到保障，社会救助又严重不足，重重压力下的家庭只能被迫放弃治疗，或者把患者囚禁起来，或者将其遗弃。这样的例子有很多：江苏宿迁一男子遭车祸后患精神病，妻子无奈将其锁进铁笼6年；江苏兴化一精神病儿家中施暴伤人，4位亲人不堪忍受将其杀害；

重庆一男子照顾精神病妻子40年，为结束妻子痛苦将其杀死……一方面，为数众多的精神病患者未得到有效收治；另一方面，一些正常人被扣上了精神病的帽子，被强制送进了精神病院。

黄雪涛（著名律师）：我想讲讲"被精神病"的现象及其原因。我自己最关注的是司法救济的制度设计。

第一，"被精神病"到底是什么意思？什么叫"被精神病"？大家的回答是：没病的人被扣上精神病的帽子。这个词我很难使用，因为这个词是建立在没病的基础上的。一个没病的人跟一个未被诊断的人是两种状态，我没办法做任何的医学判断，也没办法认定谁是完全健康的。我只能说，我们都是未被诊断的人而已，我不敢说我不是精神病人。

为什么精神病医生对"被精神病"的看法有重大分歧？精神科医生说大众媒体上所称的"被精神病"的受害者大部分有精神病。我认为医生说的没错。公众概念里的精神病人是最里面的圈子，即疯子的概念，外围还有很多精神病人、疑似精神病人。我接触过一些当事人，我认为他们最好接受治疗。虽然我知道医生的诊断有其荒谬的地方，但是从专业的角度来看，医生的某些诊断是正确的。

我曾认真研究了偏执性精神病，并与很多专家讨论：为什么有这么多偏执性精神病患者？很多有经验的专家说，这个病是稳定的、系统性的妄想。比如那些不断上访者，为一点小事不惜代价去打一场官司，去寻找一个说法的行为，就是比较典型的偏执性精神病的症状。现实和法律之间是有距离的，如果认识不到这一点，对现实的认知就会有偏差。

有记者问我，为什么有那么多人容易"被精神病"？我们看看中国的立法体制。"被精神病"是从2000年开始订立规则的，在规则上否定了精神病人拒绝治疗的权利，建立了一套新的系统。20世纪80年代建构起来的《民法通则》和《刑法》，对公民的基本权利有了一个框架性的保障。自2000年以来，《上海市精神卫生条例》作为一个标志性的立法文件，否定了精神病人拒绝治疗的权利。他们获得了政策制定者的支持，其中一个理由是解锁行动，即以前被锁在家里的严重贫困的精神病人，因经济问题不愿意被送往医院。该条例否定了病人的拒绝权，扫除了把病人送往医院的法律障碍。中国有很多很穷的地区，进法院做无民事行为宣告的成本太高，不切实际，所以不可行。应该直接用医学作为标准，这才符合中国社会的现实。另一个理由是病人自己没发现，发现了，意识到了，自己也不愿意去治疗。所以，有必要提倡早发现、早介入、早治疗，避免恶化，避免成为精神残疾。

在立法技术上是怎么去否定精神病人的拒绝治疗权的？以医学标准作为住院的标准，这个人如果没有自知力，就丧失了对住院治疗的知情同意权。自愿又是怎么回事？是由亲属、监护人代表他去做知情同意的，这也算是一种自愿治疗。

"被精神病"有几个缺陷：一是收治标准低；二是入院即沦为无行为能力人；三是付款人自动化身为监护人，且有无限监护权；四是住院病人无诉权；五是出院"谁送来，谁接走"；六是事后诉讼难；七是赔偿低。

针对某些案件，舆论的看法很多。精神病收治制度有那么多的问题，怎么办，如何改？很多人觉得这不可能改，因为权力是部门的一种很好的工具，舍不得扔弃。在现代化过程中，精神病医学发展了，而法治和人权尤其是公益法律在这个领域并没有发展，导致法治保护滞后。纵观其他国家，很多国家在现代化的过程中也遇到过类似的问题，比如美国、英国、法国、日本、韩国等。一位韩国学者跟我说，韩国也曾遇到过这样的问题。我问他怎么解决的，他说是通过NGO做一些工作。这话给了我很大的鼓舞，只要大家一起努力，一定能改变现状。

在立法上，精神病专家总是把持着话语权，立的法方便了医生，方便了治疗，但也使得侵犯精神病人的权利变得更容易。发生了很多事情之后，我们才觉得整个社会要约束精神科医生，更多地保障精神病人的权利。也只有在保障精神病人的权利时，正常人的人身安全才能获得保障。

第二，中国"被精神病"多发的原因是部门化，即社会公共资源被部门化。比如，救济精神病人的国家拨款先到卫生系统，再分流到精神病医疗系统，但最终解决精神病问题的并不是只有精神科医生，也不应该只交给医生。如果只是单方地增加资源、拨款，我心里有一种疑虑：危机不会弱化，反而会强化。

第三，职业伦理。中国的专业协会功能非常弱，都是由行政主管部门发牌，这导致协会在行业自律方面没有自我清理的功能，变成了行政管理，这不利于精神科医生自己去建立一套完善的职业伦理操作规范。

第四，精神病医疗体系都是针对疾病，治的是病，经常会忽视人的问题，其实要治的是"人"。我们针对疾病给病人安排了一个治疗方案，但没有考虑到治疗本身给病人带来了什么样的后果和负面作用。同时，这也剥夺了病人在治疗决策上的知情权和同意权。此类问题占据了整个医疗流程，人的因素，比如尊严、感受和恐惧等，基本上没被考虑。

那怎么改？我认为中央政府和地方政府应该想办法、下决心提供更多的资源，来改善这个领域。目前，舆论关注比较多的是正常人"被精神病"。在保证正常人不"被精神病"的同时，也不能剥夺有病的人的权利，不能对精神病人有歧视。所以，在制度设计上，我们应该保护精神病人的权利，让精神病人享有正当的权利。

第一，法律改革。精神卫生立法上最有争议的是：入院的决定权在谁手上，是在法律人手上，还是在医生手上？要避免"被精神病"，首先要在精神卫生立法方面改革，包括《刑法》《行政强制法》《民法》（监护权制度和行为能力宣告制度）等。

第二，司法保护，即程序法上的制度建设。

第三，法律援助。一定要有法律工作组进入，因为法律再好，也得靠服务、靠人去操作。

第四，我觉得精神科医生的职业伦理也非常重要。目前，世界上有一套适用于全世界范围精神科医生的职业伦理规范，即《马德里宣言》。另外，民众消除歧视也是非常关键的，NGO、慈善服务这一块的开放将会改变这一切。

在司法救济的制度设计上，争议最多的是：精神病人的收治是依据医学标准、伦理标准还是法律标准？中国目前实行的是医学标准，将医生的意见和付款人的意见作为双重保险，而司法救济是后置的。也就是说，等病人出了院，如果有不满，可以提起诉讼，这导致很多病人一辈子都出不来。

因此，在制度设计上，要设立第三方复核机制。对于这种机制，有三种不同的设想：一是2009年的《精神卫生法（征求意见稿）》里设计了医院内部伦理委员会作为审核复审机构。二是把医院内部的伦理委员会挪出去，变成一个地区性的伦理委员会，这样一个伦理委员会包含了法律工作人员、精神科的专家、社区工作者等。三是从长远目标来看，前置式的个案司法授权是最理想的司法程序，但在精神卫生立法上可能通不过，不过可以尝试。

思维共振

沈岿（北京大学法学院副院长）：

我谈几点感想。我们在用"精神病人"这个词时，我们有没有想过我们是谁？我们用什么词来说我们自己？我们是"非精神病人"？

我们通常说自己是精神正常人，但这样的评判实际上是我们自己做自己的法官，即我们自己对自己的精神状态做评断，把跟我们不同的人归为病人。值得反思的是，我们到底是谁？我们跟他们究竟有什么区别？"精神病学发展了"经常是带有褒义的评价，这样的评价带来的是什么？我们应该反思精神病学，精神病学专家更需要反思。

从法律上来讲，要保障精神病人的权益。首先，精神病人也是人，这一点必须呼吁。其次，虽然他们不同于自认为正常的我们，但他们也是有人格尊严的一些人。怎么保护他们的权利？这涉及两种权利：一种是人身自由的权利。还有一种权利，黄律师说要早介入、早干预、早治疗，这是一种什么样的权利？如果这样的心态是对的，这样的保护是有道理的，那么这是精神病人的一种什么权利？是获得健康治疗的权利？如果是，第一，要反思我们是否健康；第二，健康治疗的权利谁来埋单？所有问题实际上就是我们经常说的第三代人权。第三代人权是需要国家尽量干预才能实现的一种权利，就跟我们需要更多的住房、基本的粮食安全一样，这些都是需要国家干预的。这样的一种权利，国家出手能出手到什么程度？如果国家出手，则势必对人身自由形成一定的限制，这两者之间的张力怎么解决？这个问题很令人头疼，是个棘手的问题。如果从保护人身自由的权利角度出发，以危害作为原则，就是有危害就收治，没有危害就不收治。如果从获得健康治疗的权利角度出发，就是一种预防原则：防止你恶化，防止你变成重型精神病人或者疯子，给人造成危害。而这种预防是否合适，值得我们深思。

另外，我相信精神病收治制度不存在阴谋论。这种制度有史以来一直存在，尼采、凡·高、诗人荷尔德林都曾被认定为精神病，精神病一直都存在。我们不能说这里面有一种阴谋，可能是人的一种本能。我们觉得这些人跟我们不一样，显示出各种各样的非常奇怪的想法，所以我们将这样一个头衔给他们。但是，这样的一种制度很容易扩大化，很容易变成工具论。工具论存在两个问题：一个是变成精神病专家谋利的工具，所以才会有"越来越发展"的精神病人，也会有网瘾是公认的精神病的说法。另一个是有人可能会利用这样一种工具把一些非精神病人精神病化。这需要我们密切关注，在法律上警惕。

最后，我认为伦理是一种约束力比较弱的东西。《马德里宣言》也好，其他相关伦理规则也好，并没有被医生完全遵守。为什么？因为利益摆在前面。所以，我觉得立法更重要，必须建立强制性的法律制度，要求医生在什么情况下，遵循什么样的程序，按照什么样的医学界公认的规则进行鉴定，进行精神病人的相关治疗。只有这样，医生才有一种违法后可能会被法律制裁的警觉。仅仅靠伦理，挡不住利益的诱惑。

吴丹红（中国政法大学副教授）：

第一，据我了解，精神病的鉴定完全不像我们通常所理解的那样，不是1+1=2的自然科学的一些东西，实际上是一种主观判断，而且很多问题现在有争议，没有完全厘清。我觉得我们很多的司法鉴定包括法院的认定，都直接以鉴定专家的意见作为裁判的依据，就像黄律师所说的，医生行使了法官的权利。

柴静曾采访一家精神病院的院长，说你们怎么来判断已经康复的精神病人和没有康复的？院长说，我们会搞一个实验，在浴缸里放一大缸水，给患者一个汤勺和一个瓢，让他用这两个工具把水给弄干。柴静就说，那正常的应该是用瓢来舀。院长说不对，正常的应该把浴缸的塞子拔掉。这是思维上的差异。我看过李承鹏写的小说《李可乐抗拆记》，里面讲了一个故事：主人公李可乐因为抗拆迁，被当地的拆迁部门以精神病为由送入精神病院（实际上没有病），他在里面装成精神病，通过扮演精神病这个角色去理解精神病人的精神状态。电影《大腕》里也有这么一个段子。所以，目前来看，精神病的判断是主观的，包括很多的证据判断，比如测谎、指纹鉴定都是主观的。指纹鉴定不是根据量化来判断的，而是根据特征来判断的。

第二，精神病跟法院的关系。我们知道，《刑法》中规定：被鉴定为精神病人，是不需要负法律责任的。徐武案的起因是，2003年，徐武因不满同工不同酬，不断上访，一直持续到2006年。因为在北京被查获带有爆炸物，徐武被武汉警方刑事拘留。如果是精神病的话，就不需要负刑事责任。最后，徐武的父母同意了，签了协议，徐武被关进了精神病院。这里面涉及怎么强制收治精神病人的问题。根据法律的规定，满足四个条件才可以进行强制收治：一是要有依法鉴定的程序；二是精神病的前提条件是对社会、对他人造成危害，而且这个危害比较严重，可能会构成刑法处罚和治安处罚；三是要有公安机关的决定；四是要通知患者家属。在徐武案里，这几点都不符合法律规定。我在网上看了一个视频，徐武"飞越疯人院"之后，见了他的一个同事，在他们谈话的整个过程中，我看不出这个人精神上有什么问题。徐武逻辑清楚，思维清晰，可以判断：这个人是一个聪明的人。他能够逃过精神病院的重重防护，跑出去，也说明他是一个非常机智的人。他的问题是上访造成的，这是整个徐武案的根本，即通过强制收治来解决上访问题，而不是通过诉讼来解决。

第三，精神病立法问题。精神病强制收治涉及人身自由，而人身自由的法律，按照立法规定，必须由人大来制定。而徐武案件依据的是武汉市的精神病条例，这是一个地方规定。全国收治精神病的依据都是地方依据，不是人大制定的基本法律，这肯定有问题。

第四，怎么样来救济？现在精神病的收治实际上采取的是行政化的手段，没有引入到诉讼的机制里，也没有第三方的裁决。我认为，要建立一种异议审查的机制，要保障精神病人的诉权，由法院来裁决。这是诉讼的一种模式，由双方进行对抗。有的时候，精神病专家要出庭，甚至法官在这其中也要有裁决，看这个人到底有没有精神病。这体现了司法最终解决的原则，而不是医生代替法官来裁决。

生命不能承受之判
——死刑与死刑复核程序的问题与对策

社会热点

从全世界来看，截至2005年10月，废除死刑的国家有121个，保留死刑的国家有75个。2011年，美国已有16个州废除死刑，根据美国死刑信息中心的数据，从1976年到2010年的34年间，共有1234人被执行死刑，一年近40个人。近20年来，日本平均每年有一两例死刑的判决或者执行，只限于极为恶劣的犯罪。

从2006年到2009年，中国台湾连续4年没有执行死刑。台湾当局希望在2011年年底以前，以终身监禁替代死刑，这让死刑存废之争再度成为台湾社会关注的焦点。不过，台湾一所大学对此所做的民调表明，74%的民众不赞成废除死刑。台湾当局公布的1993年到2008年的多次民调资料也显示：多年来，始终有近八成的民众反对废除死刑。这使得台湾推行死刑"急废"政策失败，开始考虑推行"缓废"政策。

就中国大陆来说，1979年的刑法中有20多个罪名有死刑，当时的立法是以慎杀和少杀为指导思想的。20世纪80年代转型，开始严打。

1981年至1996年，全国人大制定和颁布的23个特别刑法中，有60多个罪名可以判处死刑，包括盗窃罪、投机倒把罪等。到1996年为止，80多个罪名（刑法共有300多个罪名）有死刑。1997年的刑法中，死刑罪名开始缩减。2007年，把死刑复核权收归最高人民法院。2011年，取消了13个经济性非暴力犯罪罪名的死刑。

刘仁文（中国社会科学院法学研究所研究员）：我主要对中国死刑改革做一些回顾与展望，其中会涉及死刑复核的问题。第一，近几年来，司法上限制死刑。我们看到，1997年制定新刑法时，死刑罪名比较多，有68个。在司法史上，限制死刑标志性的动作是2007年最高法院收回死刑核准权。为了收回死刑核准权，在2006年时，最高法院要求各个地方法院对死刑二审公开开庭，这也是司法改革实践中的一个举措。开庭有利于保证死刑案件的质量，防止冤假错案。

2007年，最高法院在中央的支持下收回死刑的核准权。为什么叫"收回"？1979年的《刑事诉讼法》规定死刑的核准权属于最高法院，后来严打，形势比较严峻，逐步把死刑的核准权下放到各地方的省高级法院，到2007年又收回了。核准权的收回意义非常大。尽管现在死刑的数字还不得而知，但从各种学术研究甚至有关的公开报道来看，2007年以来的这几年，我们判处、执行死刑的案件数量在实践中大幅减少。2007年，最高法院死刑核准权收回以后，地方法院与检察院系统的工作思路产生了重大变化。过去碰到杀人或者严重的犯罪会判死刑，现在中央严格限制死刑，首先就会想有没有从轻的情节可以不判死刑，免得到最高法院核准。所以，大量的制度改革和政策引导使底下的司法机关的工作思路发生了很大改变，对限制死刑起了很大的作用。

第二，立法上削减死刑。2011年年初通过的《刑法修正案（八）》废除了13个经济性非暴力犯罪罪名的死刑，这是中国在立法上第一次对死刑做减法，过去都是做加法。

这13个经济性非暴力犯罪罪名，包括走私罪、金融类犯罪、文物管理类犯罪、盗窃罪等。与此同时，还有一些规定，如满75周岁的人不适用死刑，以特别残忍手段致人死亡除外。对18周岁以下的人不判死刑，这在1997年已有规定。有人说75岁以上的人犯罪的很少，判处死刑的更少，但对于社会立法制度的引导，对于整个社会的法律文化的塑造，我想这些规定还是有积极意义的。这是立法上的进步。

顺便说一下，美国在20世纪六七十年代也停止过执行死刑，后来又恢复了，但并不是因为犯罪率多么高才恢复的。当时，美国最高法院通过一个判例，基于实践中不能避免的冤假错案，程序不能完善，所以最高法院裁决执行死刑是违宪的，并不是说废除死刑，而是等到有一天法院系统能够完善有关的程序，死刑判决能够比较公平、公正时，才可以恢复执行死刑。俄罗斯也是，俄罗斯法院可以判死刑，但必须达到某些条件，而这些条件几乎达不到，所以俄罗斯很多年没有执行过死刑。2010年，俄罗斯宪法法院裁决不再执行死刑了。我了解的情况是，整个欧盟都没有死刑，在刚刚废除死刑的那几年有过一些反弹，因为议员都是选区的民意代表选出来的，民意代表要听民意，而选区的民意要求恢复死刑。这个问题讨论了几次都没有成功，到现在几乎不讨论了，因为民众都认为死刑不需要了，长期以来被废除了。据我了解，废除死刑的国家，走回头路的几乎没有。

我认为应该从司法上削减死刑，从立法上废除死刑。为什么？第一，2007年以来的这几年，死刑在实践中大量减少，社会治安并没有出现令人担心的恶化局面。这给有关的决策者提供了信息，符合客观规律。越来越多的国家在废除死刑，比如韩国10年没有执行死刑，属于事实上废除死刑的国家；日本一年一到两例死刑；美国严格调整死刑程序，在各个州取得不同程度的进展。有时候，我们不承认这样的背景对我们的影响，其实确实有影响，特别是国际背景。1998年，我们签署了《公民权利和政治权利国际公约》（以下简称《公约》），现在各国都在给我们一些压力。因此，从判决到罪名都需要压缩，这是我们的国际义务。

第二，国内经济的发展和经济领域管理经验的丰富。这次13个非暴力犯罪罪名的死刑之所以取消，是因为大部分是经济犯罪。为什么现在拿掉？因为经济领域的相关管理制度健全了。常说刑法是最后一道防线，那么死刑就是刑法里的最后一套武器。当一些基础性的法律法规进一步完善时，犯罪率就下降了。

第三，反馈的信息比较积极。从2007年以来，死刑数量的减少并没有导致人们所担心的社会治安的恶化。1997年的刑法，虽然在死刑问题上没有明显的进步，但取消了普通盗窃罪的死刑，仅仅保留了特殊情况的盗窃罪死刑。盗窃罪到现在并没有明显上升。当然，各个地方不一样，有的地方上升了，有的地方下降了，原因不是那么简单，与死刑不是一种直接的关系。实践中，反馈回来的消息给我们提供了一些信息。

第四，调整刑法结构，消除民众担忧。对暴力犯罪的死刑缓期两年执行，把有期徒刑的比例适当提高。虽然刑法结构基本上符合中国国情，适应中国的发展，但适当提高有期徒刑的比例，这一点我也同意。

第五，公众的观念得到了正确的引导。过去说严打，搞严打犯罪都这么严重，不搞严打岂不是更严重了？杀了这么多人，犯罪还这么严重，不杀人岂不是更可怕？现在，媒体对此的报道也很有意思，"世界上多数国家废除了死刑"，但没有证据证明废除死刑国家的社会治安坏得一塌糊涂或者比以前更好。舆论对公众的观念起着引导作用。

第六，充分考虑到对公众的关切。

下面我谈谈死刑进一步压缩的问题。《刑法修正案（八）》尽管取消了13个罪名的死刑，但还有55个罪名有死刑，其中包括大量的非暴力犯罪，这与《公约》中规定的死刑只能作为最严重犯罪的惩罚有很大区别。有人说我们的《刑法》总则规定了"死刑只适用于罪行极其严重的犯罪分子"，这与《公约》是接轨的。这个说法是简单化了。在《刑法》分则中有50多个罪名有死刑，其中大部分是非暴力犯罪，这不符合《公约》的要求。我们签署了《公约》之后，在死刑方面的压力还是很大的，还得进一步削减死刑罪名，要从非暴力犯罪逐步开始。《公约》里的"最严重的罪行"是指致命的或者有其他严重后果的蓄意犯罪行为。"有严重后果的蓄意犯罪"怎么理解？国际上比较有共识的说法，还是跟剥夺他人生命的暴力犯罪联系起来。这样来推的话，非暴力犯罪的死刑废除是下一步努力的方向。

如果从非暴力的角度来说，毫无疑问要废除死刑，但现在公众对这个问题非常敏感，反映的意见非常大。最关键的问题是：现在的贪污贿赂犯罪太严重了，这时候取消死刑，老百姓会答应吗？这是有道理的。13个非暴力经济性犯罪为什么能拿掉死刑？因为在实践中犯罪率大幅下降，在实践中被判处、执行死刑的概率已经很小了，这些死刑已经慢慢淡出了公众的视野，这时候废掉死刑，公众的抵触情绪不会那么大。所以，一定要创造社会条件，把贪污贿赂犯罪率降低。如果贪污贿赂像现在这样泛滥成灾，怎么可能拿掉死刑？所以，我们要在腐败的治本方面迈出步伐。我们毫不怀疑政府有防治腐败的决心，但有效的措施很难出台,只有通过治本性的措施把腐败真正遏制住了,讨论废除死刑才能容易一些。把腐败犯罪压下来,犯罪率很低,老百姓就不会那么关注取消死刑,也不会那么抵触了。

最后,我还想谈几个问题:第一,死刑复核问题。最高法院的死刑核准权不是最高法院一家的事,是中央的决策。中央的目的是少杀和不要错杀,要减少死刑。如果被告人不应当被判处死刑而最后被判处、核准了死刑,最高检察院要依法提出抗诉,推动最高法院依法撤销死刑不当的裁判,这样可以把最高法院的压力分解一下。

近几年,我对大大小小的死刑复核问题比较关注。我代理过一个死刑案子,死前无任何安排,去了给你(家属)一个骨灰盒,人家家属还是比较善良的。即便是判死刑,你也得给人家一个机会,看犯人有没有什么遗言。我们在这些方面缺乏规范,原则上需要创造条件来安排死刑犯和家属见面,虽然这不是法律强制规定的。这样的问题要尽量完善,这在中国是一个目标。

第二,最高检察院负有维护公民和社会公共利益的责任。现在司法的公信力不是很高,如果法官收受贿赂,不严格依照法定程序办案,那么最高检察院提出抗诉,维护死刑复核程序的公正和严肃是必要的。

第三,我认为在《刑事诉讼法》中要增加一条:最高法院在对死刑进行复核时,无论是否开庭审理,都应当听取被告人和辩护人的辩护意见,同时也要听取检察机关的法律意见。这是"兼听则明,偏信则暗"的司法规律的必然要求。最起码的要求是,法官、最高检察院、律师和被告人要有公开听证、公开交换意见的机会。这个问题,《刑事诉讼法》要有所重视。

第四,把死刑的枪决和注射尽量统一起来。不能这里搞枪决,那里搞注射,这样产生的法律效果并不好,大家会想为什么要区别对待。

第五，死刑执行的主体与判决的主体要分开。现在还保留死刑的国家和地区包括日本、美国、中国台湾等，死刑的判决是法院的事，执行是司法行政部门的事。现在死刑的判决做出以后，法院在7天内就要执行，这太快了。将来还是要把死刑的执行权从法院拿出来，还给司法行政部门，这样可能更好一些，至少杀人不是那么快。

第六，要有一个死刑的特赦制度。《公约》明确规定，任何被判处死刑的人应有权要求赦免。对所有判处死刑的案件，应当给予赦免的机会，这是为了防止杀人太快、太仓促。至于这个特赦怎么设立，是国家司法机关来做，还是全国人大常委会来做，这是具体制度的问题。在此，我只是提出一个思路，即确定死刑案件的特赦制度。

思维共振

曲新久（中国政法大学刑事司法学院院长、教授）：

死刑问题是一个比较大的话题，我们所有人对死刑问题的认识都是有限的。

第一，如果哲学、伦理学、法学这三个学科的学者用理性的心态，站在非常高的人类发展历史的角度上来俯视人类生命长河，死刑应该废除，这是毫无疑问的。这是我的第一点感想。

第二，进入20世纪后期，死刑基本上已经不是一个问题。也就是说，废除死刑在欧盟范围内取得了共识，但有一点可以肯定，在美国并没有取得共识。

第三，关于刑法结构的调整。自由刑的单一化和自由刑刑期的延长完全是从西方到东方的制度设计。对于当代延长自由刑刑期，并不是没有疑问的。这里有经济学上的考虑，监狱需要很大的成本。欧洲标准化的监狱控制在500人以下，超过500人，监狱的管理水平、舒适性和人文性会大大下降。

另外，死刑的公共政策在未来恐怕需要进行一个调整，从严格限制和控制死刑调整成以废除死刑为目标。

第四，死刑复核程序怎么完善？严格地讲，中国的死刑复核程序不是一个诉讼程序。一些学者提出改变我们的诉讼程序，让最高人民法院和死刑复核程序发挥非常大的作用，这是不是期待太高？当最高人民法院工作的惯性形成之后，限制死刑的作用在边际效益上会逐渐递减。也就是说，投入越多，收获的限制死刑、减少死刑的效果越小，这是我们可以预计的。

李轩（中央财经大学法学院副教授）：

我是坚决反对废除死刑的。现在，法学界废除死刑的声音呈现一边倒的趋势。我发现废除死刑的理论基础是完全否定死刑的威慑力和刑法上的报应主义。废除死刑者认为生命应该得到尊重，既然一个人剥夺他人的生命是非法的，那么国家怎么能以集体的名义剥夺他人的生命呢？

当前废除死刑与从长远来看应当废除死刑，是两个不同的命题。这需要考虑到社会的发展阶段与中国的国情。也就是说，国际上的趋势是废除死刑，这已经成为潮流，但是在当下中国，全面废除死刑未必是好事。我个人主张目前中国需保留死刑，但反对滥用死刑，要少用、慎用死刑。等将来社会发展到一定阶段，再考虑是否逐步废除死刑的问题。对必要的暴力犯罪，包括贪污贿赂犯罪，都应该保留死刑。

我认为犯罪率降低可能与社会经济的发展有关，与民众文化层次的提高有关，而不仅仅是与废除死刑有关。所以，我觉得说死刑威慑力不存在是一个假命题。

再者，基于罪责相适应的报应主义，无论任何时期、任何场合，只要存在犯罪，只要还有刑法，都是成立的。现在总是强调对应当判处死刑者的人文关怀，强调尊重生命，那你有没有考虑到这种犯罪人尤其是暴力犯罪人所涉及的受害者？他的生命由谁来保障，是不是同样应该得到尊重？因此，这种报应主义就是尊重生命安全、尊重生命健康的理由。

我记得马基雅弗利说过一句话，残忍即仁慈。什么意思？对罪大恶极犯罪人的残忍，就是对受害者、对潜在不特定多数人的最大仁慈；而对罪大恶极者的仁慈，即是对民众的残忍。这句话恰恰说明：报应主义仍然存在！除非我们彻底废除刑法，但是现在这个阶段还做不到。要等到物质生活极大丰富，民众文化层次极大提高，到了共产主义社会，才可能实现。我们老说废除死刑是对生命的尊重，是终极人文关怀，其实很多案件，我们并没有看到受害人家属在法庭内外的捶胸顿足、面对死缓判决的欲哭无泪。所以，从这个角度来说，我觉得只要刑法体系还存在，死刑的正当性就不容忽视。但我强调要少用、慎用死刑，主要应该考虑死刑的适用范围。在某些领域是要坚决废除死刑的，比如财产性犯罪、非暴力犯罪；而在某些领域是要坚决保留死刑的，或者在短期内是不能轻易废除死刑的，比如涉及公民生命健康的暴力犯罪，也包括贪污贿赂公职人员的犯罪。为什么要特别强调对贪污受贿公职犯罪保留死刑呢（国际趋势是对经济犯罪或者职务犯罪不适用死刑）？因为现在腐败盛行，民愤极大，同时腐败的后果非常严重，不仅在经济上产生放大效应，而且导致潜在的公共安全腐败，尤其是在工程、交通、食品安全领域。腐败直接导致大量人员的伤亡，这种罪责由谁来承担？如果对贪污犯罪废除死刑，那么，你怎么考量它给整个社会带来的灾难？尤其是在群体性人身伤亡方面，罪责的担当问题怎么解决？

另外，我说说死刑复核问题。我觉得死刑复核在立法上就是最高法院的权限，但现在没有起到应有的作用。所以，现在提倡开门复核，要进行诉讼化的听证，甚至必要时要改成三审终审制。我个人是反对三审终审的，但为了保证正确适用死刑，对死刑复核案件一定要进行三审终审。在立法没有改革之前，至少应该进行听证式的诉讼化改革。

许兰亭（北京炜衡律师事务所资深律师）：

我对死刑的基本态度是暴力犯罪不能废除死刑。杀人、抢劫，涉及一个人生命健康、人身安全的犯罪，肯定不能废除死刑，起码近期不能废除。不光是老百姓接受不了，被害人家属也接受不了，我自己也接受不了。对于非暴力犯罪，我认为不应该判处死刑，如集资诈骗、贪污受贿等。有的教授说贪污的危害也很大，也是杀人，但不管怎么说，不是直接杀人，没有具体的被害者。另外，经济犯罪判死刑，关键是要做到公平。是按后果的严重程度来判死刑，还是按数额来判死刑？如果按数额来判，大家就会觉得不是那么公平，因为有五六百万元被判死刑的，也有上亿元没判死刑的。

这次《刑法修正案（八）》废除了十几个罪名的死刑，但这些罪名平时不常用，有些基本没用过。有些经济犯罪，比如集资诈骗罪、贪污受贿罪，并没有废除死刑。集资诈骗案件在实践中很多，比如浙江吴英案等，他们应该判死刑吗？我觉得集资诈骗不应该判死刑，而且很多集资诈骗案件，责任不在当事人，而是综合因素造成的。过错并非完全在于一个人，最后让他们来承受死刑的严厉后果，是否公平值得商榷。

下面我谈谈死刑复核中的一些问题。现在的死刑复核问题很多，比如交手就很困难，有5个刑庭，到底往哪个庭交，搞不清楚。另外，最高法院死刑复核的决定不通知律师，是否核准也不通知律师，执行死刑后律师还不知道，家属肯定不满意，说律师什么都没干。另外，也不列律师的名字，也不写律师的意见。

死刑复核，最高法院的规定是约谈。约谈的前提是得弄清这个案件在哪个庭，谁来承办。能打听到谁承办，已经很不容易了。打听到以后，能否约谈又是个问题。总之，死刑复核程序在实践中有很多问题。

十八届三中全会后的反腐

社会热点

　　反腐问题是中国历来都非常重视的问题。历代统治者对腐败现象都采取了严厉的惩罚措施，比如明朝朱元璋剥皮实草，将贪腐官吏的皮剥下来，填充上稻草，放在下一任官吏的座位旁边，企图以恐惧治服腐败。事实上，这不起作用，一开始人们对人皮玩具高度恐惧，过一段时间，恐惧度就会下降。

　　新中国成立之初，枪毙了刘青山、张子善。可从现在来看，腐败现象不但没有得到根本遏制，反而愈演愈烈，形成蔓延的趋势。

　　新一届政府在十八届三中全会后，对腐败惩治下了大决心。新政府取信于民的方法无非是两个：一是发展经济；二是加强反腐，唤回人心，如"八项规定"。从这一点上说，反腐确实可以遏制吃喝之风，取信于民。从另一个角度来说，当腐败现象比比皆是时，发现问题已不重要，重要的是寻找光明、寻找出路。有人说，中华民族有腐败的基因，这不尽然。香港一夜间还刮起了廉政风暴，不用怀疑香港廉政公署的效率。现在，香港已成为一个世界公认的比较透明的地区。

林喆（中央党校教授）：十八大报告中对十八大以后的反腐状况定调为"始终保持惩治腐败高压态势"。也就是说，我们要继续保持高压态势，加大教育，完善制度建设，加强监督。

20世纪40年代（1945年），黄炎培到延安访问，跟毛泽东有一段对话。黄炎培问毛泽东：中共如何跳出由盛而衰、而亡的周期律？毛泽东笑着说：我们找到了新路，就是民主，只有让人民来监督政府……才不会人亡政息。其实，这条新路在改革之初就找到了：一是《实施纲要》（《建立健全教育、制度、监督并重的惩治和预防腐败体系实施纲要》）中提出的以教育为基础、以制度为保证、以监督为关键；二是让权力在阳光下运行，"把权力关进制度的笼子里"。当然，笼子要结实，不能千疮百孔，否则权力这只老虎就会跑出来伤人。

在中国社会转型期，腐败滋生的原因：一是教育不到位，二是制度不健全，三是监督不得力，四是腐朽思想的影响。所以，《实施纲要》中才提出以教育为基础、以制度为保证、以监督为关键。我再加一条：以改革为深化。我认为防范腐败就是提这四点。

三中全会后，中央的反腐在一些提法或者举措上有很大的进步，主要表现在两方面：一方面，中央开始强调顶层设计，重视顶层设计。最明显的标志是中纪委带头清理内部公务卡。另一方面，中纪委开始逐渐减少使用"双规"制度，即发现贪腐问题时，第一步不是"双规"，而是移送检察机关进行惩治。十八大提出中国特色的反腐倡廉，一些老干部不理解，不知道这是什么意思。我跟他们解释：中国的反腐败或者廉政建设与国外有本质的不同，我们的反腐败是党内自清行为，而国外的反腐败主要是国家行为。所以，党管干部是一项重要的组织原则。干部出了问题，首先由党来管，在规定的时间、规定的地点交代问题，即所谓的"双规"。近些年来，"双规"取得了很大的成功，很适合中国国情。假如有一天我们取消了"双规"，其深远意义在于哪里？在于我们已经和国际社会接轨，反腐败已经成为国家行为，过去是党的行为。

我们国家的反腐败权力结构是这样的，最高层是中纪委，国务院层面下有两个机构：一个是监察部，一个是预防腐败局。吴官正当纪委书记时，一直想解决几个问题：一是解决纪委和监察部之间的关系问题；二是"三公"问题；三是公示财产申报。吴官正讲，当年陈云说过，连资本主义国家都能做到领导人的财产公示，我们是社会主义国家，不能做到说不过去，怎么和人民说是代表他们的利益？在财产申报方面，现在来看，阻力和障碍正在逐步消除，我预计很快会出台一个比较有效的办法。

前面说到权力结构，纪委最高，接下来是预防腐败局和检察系统。挂牌的第一天，预防腐败局局长就对社会宣布：我们的主要任务是两项，一是调研，二是在反腐败机构中进行协调。所以，调研和协调是预防腐败局的主要工作。

为什么很多国家都有反腐败法出台，而我们没有？反腐败法一旦出台，就是一部法典，执法主体将是两院，而我们找不到执法主体。在这种情况下，中纪委将被架空，所以一直出台不了。而反腐败法出台不了，反腐败体系就建立不了，形成了一个怪圈。我认为，在反腐败法没有出台的情况下，可以先出台两部规范性文件：一部是《国家公职人员行为道德典》。这需要吸取美国、英国的经验，它们既有反腐败法，又有道德规范（众议员道德规定、参议员道德规定）。道德规定谁来制定？中纪委。中纪委把我们颁布的7部党规提升到道德层面，汇编成一部道德典。另外，针对腐败问题，出台一部反腐败的司法解释和条例的册子，即《国家公职人员腐败犯罪惩治条例》。最终，我们还是要制定反腐败法。

之前中纪委没有做到的事，现在需要做到，一是财产申报。二是协调中纪委和监察部的关系。凡局级和部级的腐败问题，由中纪委来负责；科、处级干部的贪腐问题，需由检察院下面的反贪局来负责。三是"三公"现象：公款吃喝，公车私用，公费旅游。这些问题都是大问题，败坏党的形象，侵害百姓，侵蚀国家财产。所以，我们必须要做。

关于财产收入申报，1995年，我们国家出台了一个制度，即《关于党政机关县（处）级以上领导干部收入申报的规定》。我认为，我们不要急着去制定财产申报法，要利用现有的资源来不断完善。目前，就财产申报来说，至少存在两个缺陷：一是没有审核制度，二是没有公示制度。现在我们搞财产申报，就是组织部发一个表，让申报对象填报，填完后组织部一夹了之，走的完全是形式。80%以上的干部漏报、谎报，与其申报被处分，还不如不报。

在财产申报方面，搞得最好、制度最完善的国家是韩国。韩国的财产申报搞得非常好，他们在刑法上有一个"瞒报罪"，如果你瞒报，判3年。不过，我们有记大过、开除党籍等处分。现在"双开"比一般判刑严厉得多，直接把后路给断掉了。所以，我建议增加几个环节：第一个是审核环节。谁来审核？纪检部门、单位的财务部门、银行，还有党员、群众或者一般群众代表，对官员申报的财产表格进行一年一度的审核。第二个是公示环节。吴官正讲过，我们要警惕，搞得不好，干部和人民群众会对立起来，而且会出现很多问题。我建议同级公示，科级干部在科级干部内公示，处级干部在处级干部内公示，领导班子在领导班子内公示，人大任命的官员在人大内部公示，省级干部在两会之间公示，政治局常委在5年一度的会议上公示。财产申报制度不可以由下到上进行，必须由上到下进行，从政治局常委开始。第三个是惩治环节,发现漏报、瞒报、谎报,必须进行惩治。第四个是登记环节。给干部立一个诚信档案,对一年一度的收入申报记录在案。这个登记可以作为干部任免的参考。

另外,还有一项制度是年终考核制度。该制度现在成为官员逃过去、混过去的制度,发现不了问题。在这个制度里,我觉得缺少两个环节:一个是质询环节,一个是公示环节。现有的考核没有质询是不对的,要让下面的群众能发声,同时也要给领导干部提供解释、自我洗白的机会,也就是说,给他一个说理的机制。

再一项制度是公款吃喝。大家都说公款吃喝最难抵制,我觉得很容易。既然是公款吃喝,吃喝的钱一定会报账,财务部门应该有一项制度:第一,规定报销的人必须写清楚吃喝的名单,有哪些人;第二,写清楚吃喝的内容,吃喝了什么,是不是有鲍鱼、龙虾、螃蟹等;第三,吃喝的人员每人应该缴纳总款的15%~20%。加拿大有一个省的省长,用公车送自己的妻子外出旅游,还付了旅游的汽油费,回来后,以侵吞公物罪入狱。国外就是这么严厉,不占公家便宜已经成为一种非常强的理念。所以,只要下决心,"三公"现象是能够阻止的。

思维共振

罗昌平(财经媒体人):

自十八大以来,省部级高官已经有15个人落马(截至2013年年底),从数量上看,这是前所未有的。《财经》杂志有一个要求,每落马一个省部级高官,都要派记者去做一次报道,如果按照今年(2013

年)这个速度,我们跟不上了,因为王岐山查处的力度太大、速度太快。跟以往不一样,这15个人里,有两个半人是因为民间力量的参与而落马。一个是衣俊卿,因为他的情妇公布了一系列很香艳的日记;一个是刘铁男;"半个"是刘铁男事件牵涉的遵义市市委书记。从这一点来讲,几乎所有民间参与都来自网络(微博)的作用,如果没有微博,这15个人的落马可能跟老百姓没什么关系。

我想讲几点体会。我不是第一个做记者实名举报的,在我之前,有几个人做了类似的事;在我之后,北京《国际商报》的编委也举报了一家公司。也就是说,这种方式到目前为止还没有完全被遏制,我相信未来还会出现这样的方式。我个人建议不要参与这样的事情,因为风险非常大。从最近发生的几个案例来看,记者承受了很大的职业风险,甚至人身安全受到威胁。

对于网络反腐的人群类型,我做过归类:第一类是当事人。当事人积累了很多案例,包括法院系统、信访系统、官方救济系统,也包括传统的纸媒。纸媒的曝光在一定程度上可以约束权力,但现在纸媒的作用越来越小,甚至起不到作用。所以,网络成为这些苦主释放信息的唯一通道。第二类是目击者。高档消费者用手机拍一个视频放到网上,有可能起到一些作用。第三类是职业的网络公司,也就是水军,在打击大V(获得个人认证,拥有众多粉丝的微博用户)的过程中不光是针对个人,也针对系统性的组织。第四类是媒体人。媒体人在做实名举报的过程中存在着很大的问题。媒体人不是当事人,相当于一种委托的关系。也就是说,有一个举报人把信息给了记者,记者做举报。如此,记者在后面的过程中尤其是举证过程中面临着很大的问题:怎么提供证据?怎么证明这些证据?怎么保护这些信息源?我问别的同行在做举报之前是否考虑过这些问题,几乎每个人都没有考虑过。我在举报之前，做了当事人的委托书，找人作证，所以之后的举证过程相对而言比较容易。

另外，我想谈一下反腐中的几个问题：一是关于财产公示制度。刘铁男事件可以反映出这一点。现在官方也在做财产申报制度，国外的这个制度叫作"阳光法案"，我认为中国应该叫"月光法案"，是过渡性的，透了一点光，但这不是阳光，而是另一种微弱的光，能起多大的作用，相信大家都能看出。

二是关于利益冲突的回避制度。刘铁男的妻子跟儿子在他分管审批的公司里任职，这些利益冲突到今天为止都是非常普遍的问题。我们甚至开玩笑说，《纽约时报》等国外媒体抢了中纪委的生意，替他们公布中国官员个人的家产等问题。实际利益冲突问题非常普遍，比如当初举报刘铁男后，他们首先考虑的是有没有违纪，有没有违法？老婆、孩子在里面有没有拿股份和钱，拿了多少？可以说"这事跟我没关系"。

三是关于腐败的旧账问题。我们回过头来猜测一下刘铁男的心理：我原来有问题，现在我五十七八岁，还可以进一步，这时候我怎么办？我原来的东西是否会影响到我的现在？我相信很多官员会有这样的心理。如果推动改革的话，我想在一定程度上官员们肯定非常不愿意，会阻止。现在的意见是老人老办法，新人新办法，新提拔的高级干部要公示他们的财产，但具体的时间表未安排出来。

四是在举报刘铁男之前，包括"房姐""房叔"的事情出来之前，我没有把这个事当成很重要的事。它实际上是一个基础工程，就是个人信用信息系统。如果现在冒昧推动官员财产公示制度，没有基础工程支持，完全可以被颠覆掉。"房姐"的事就是例证，即金融资产、房地产能否与实际名字直接挂钩？我相信建立这个工程，需要一到两年的时间。按王岐山的效率与行政风格，如果官员财产公示制度在他手里还完不成的话，对于下任来讲就更艰难。

五是关于举报人的保护制度。我原来觉得有了官员财产公示制度后，所有问题都可以解决，其实不是这样。这个制度是自上而下的，是官员自内而外的，还需要举报人的配合，需要自外而内、自下而上的对应制度。但举报人制度在中国没有保护机制。一个举报人通过正规渠道举报的东西，接受方应该反馈给他一个编码，编码加密，别人看不出任何信息。在中国香港和其他国家有这样的制度，有编码表明这件事被受理了，而且举报的事也进了资料库。进了资料库，很多大案就可以合并。另外，进行数字化处理后，对于当事人而言，也是比较好的保护，谁举报的这件事不是谁都能查到的。立案的过程，纪委也好，检察院也好，内部应该有一个处理流程。这个流程可以在网上完成，在网上完成的好处是每个人做完有记录，以后可以倒过来查。

另外，应该建立干预制度。如果举报人被打击报复，应该有一个事中的干预和事后的问责制度。举报人举报后被打击报复了，应该启动相关的程序，对当事人、施害方要追责，该赔偿的要赔偿。

庄德水（北京大学廉政建设研究中心副主任）：

现在有一个基本的倾向，十八届三中全会以后，整个纪检体制改革发生了大变化。为什么反腐能在这么短的时间内取得一定的成效，尤其是在"三公"消费问题上？我认为有两个原因：第一，大家对新政府有新期望；第二，表明了高层的决心。现在高层的决心非常大，着眼于执政安全、执政的长期性角度来推动反腐败建设。

三中全会后的改革变化，我觉得需要关注两点：第一，反腐败到底处于什么位置？从三中全会的报告中我们可以看到，国家提出改革的总目标是推进国家治理体系和治理能力的现代化。第二，三中全会有一个很大的特点，是从权力角度来谈反腐败，包括市场经济体制改革、政治体制改革、行政体制改革。我们能看出中央的主线是权力，紧紧围绕权力来谋篇布局。中央现在比较重视两点：一是限权，限制权力；二是分权，希望通过纪委特别是纪检系统本身的独立化运作来提高反腐败效果。

有三中全会新的精神，有纪检体制改革的总方向，下一步中国反腐败的工作重点是两条线：一条线是遏制腐败，另一条线是作风建设。从遏制腐败的角度来讲，会更加注重办案，除了以前所做的基本性的反腐外，会着重治理干部选拔任用方面的腐败，因为吏治最重要的是官员治理。为什么中央会把组织干部选拔这方面的腐败问题作为重点？新政府对干部选拔任用有新思路，通过反腐败的形式和运作加强中央对地方的控制，使整个队伍更好地执行中央政策，或者保持更强的政治向心力。从作风建设的角度来看，也有成效，但从具体执行来看，很多学者提出质疑，认为有点矫枉过正，做得有些太过分了。

我个人感觉在纠正腐败行为的过程中，难免会出现矫枉过正的现象，这不可怕，可怕的是不能让反腐败的威力包括工作执行力持续下去。现在处在反腐败的关键时期，就看中央有没有决心贯彻下去，如果遇到阻力、困难就退缩，原来的腐败问题不仅不能得到有效遏制和治理，反而会愈演愈烈。

为了促进工作，纪委主抓两线权力：一个是办案的权力，一个是纪检系统内部组织人事的提名权。纪委书记、副书记的提名，要由上级纪委会同组织部门进行，这和以前不一样。如果采取三中全会提出的新的人事提名制度，下一步就应该推行纪检监察部门内部专业化和职业化的进程。我们希望纪检监察部门内部实行一定的资质和认证程序，因为纪检监察工作和执法工作相似，虽然实际以监督为主，但做的很多事是执法。所以，应该对纪检提出更高的要求。

另外，谈几点我的看法：第一，财产申报问题。我认为，当前中国的财产申报制度还处于停滞阶段。

第二，网络监督问题。现在大家都很关注网络监督，希望网络监督扩大反腐力度。所以，下一阶段，在网络监督方面应该有一个正式的法治化手段。我个人觉得，单纯地依靠网络监督还是不够的。比如香港，香港现在非常注重电话举报、投信举报和其他部门转交来的信件，没有网络举报。我想，不采取网络举报有两个原因：一是网络举报不安全，不能保护举报人，一旦网络信息公开，会给举报人带来伤害；二是网络举报信息不全，只言片语，且匿名，不利于香港廉政公署进行查处。所以，我觉得应该把网络举报和线下的正规渠道举报结合起来，让网络举报发挥它本身的优势，为正规渠道的举报提供强大的信息支持。

杜治洲（北京航空航天大学廉政研究所副所长）：

为什么腐败现象层出不穷？从人性假设角度来分析，东方传统文化里，人性和善，人之初，性本善，我们不太重视用制度建设去约束人，总希望官员是廉洁自律的，是道德高尚的。所以，我们在制度方面欠债太多，在文化方面包袱太多，这是反腐败面临严峻形势的文化背景、人性假设背景。西方人认为人性是复杂的，甚至认为人性是恶的，他们会采用制度来约束人的权力和人的行为。正因为人性是复杂的，既有天使的一面又有魔鬼的一面，所以当面临巨大诱惑时，人的自私、冲动就会被激发出来。因此，反腐要从制度建设上入手。

下面我谈谈十八大以后反腐治理策略的变化。首先，中央确立了治标为治本赢得时间的思路。这个思路很好，惩治腐败的力度越来越大。十八大以后，有15位省部级贪官落马，打击腐败的力度之大是空前的，这是治标。现在中央既重视惩治大的腐败问题，也重视廉政作风建设，这是一种策略的改变，体现在目前的反腐败形势中就是：中央高度重视，百姓高度关注，贪官高度紧张。在这种形势下，中央对腐败的态度是零容忍，也就是既打苍蝇又打老虎，无论是大腐败还是小腐败，都要坚决抵制惩治。

其次，腐败领域的扩展。原来只是关注党政领导干部行政系统内部的腐败，现在扩展到教育系统、高校、社会组织、私营企业，呈蔓延的趋势。从中央反腐败的决心可以看出，不管是大贪还是小贪，都要惩治，任何领域的腐败都逃脱不了惩治的魔掌。

再次，十八届三中全会以后，治理反腐在制度建立方面有非常明确的趋势。我认为，目前的反腐方式是制度反腐加权力反腐，以制度反腐为主，以权力反腐为辅，权力反腐通过网络制约官员的行为。中国现在流行四大反腐败手段——"夫妇反目、家中被盗、意外事故、情人举报"，还有第五个手段——"网友诅咒"，说明网民、民众的监督权力在显现。网络反腐现在怎么规范？没有规范。网络信息出来后，查处的速度非常快，一天内甚至几个小时内就有反应。到底用多长时间，哪个部门来处理网络上曝出的腐败现象，现在还没有明确规定，我觉得未来在这方面应该强化。话又说回来，目前的网络反腐反映出体制内渠道不畅，这是制度乏力的表现。如果未来制度建设完善了，体制内渠道能够保证公民有效地举报和监督，我想网络反腐会逐渐走下坡路。

附录：2013年中国十大影响性诉讼

社会热点

第一，薄熙来案被评为2013年中国十大影响性诉讼之首。

第二，刘志军案，反腐亮剑。

第三，网络实名举报刘铁男案。

第四，李某某案。

第五，浙江张氏叔侄奸杀冤案。

第六，微博少年因言涉罪案。

第七，乌龙指案，光大证券导致股市暴涨暴跌，很乌龙。

第八，薛蛮子案，网络大V被清理。

第九，律师申请公开社会抚养费案。浙江律师吴有水向全国31个省级计生和财政部门申请公开社会抚养费信息，一个月后，只有12个省给了书面答复。

第十，王金平确认国民党党籍案。

龚刃韧（北京大学法学院教授）：

我从国际人权条约角度谈一谈其中的几个案例，拓宽一下我们的视野。

我提两个国际人权条约，一个是1966年的《公民权利和政治权利国际公约》。这个公约是联合国最重要的一个人权条约，也是现代社会、现代国家的一个文明基本标准。中国政府在1998年签署了这个公约，但是现在还没有批准。按照国际法的规定，一个国家一旦签署了这样的公约，就不应该做违背公约宗旨和目的的事情，这一点很重要。

还有一个人权条约是1984年的《禁止酷刑公约》（《禁止酷刑和其他残忍、不人道或有辱人格的待遇或处罚公约》），中国在1988年批准了这个公约，同年11月生效，这样中国就有了履行这个公约的义务。我以这两个公约分析其中的一些案件。

第一，《公民权利和政治权利国际公约》第十四条说的是公正审判权，我想用这一条稍微点一下薄熙来案。从薄熙来案来看，法学界对中国的传统看法好像有所转变。我们国内的法学者有个看法，就是中国在刑事案件中是重实体、轻程序。但是，在薄熙来案中，我们法学界赞扬声比较多：公开审判，微博直播。另外，在保证被告的辩护权方面也比以前有所进步。我承认这是一个改进，但我要讲的是，按照公约的规定，公正审判权不仅仅是这两条，还有很多内容，其中一条很重要的内容就是在法庭面前人人平等。我认为在薄案中采取了这种做法，而在其他案件中没有采取这种做法，这是很不公平的。这种改进不是真正的改进，不足为例。

还有一点，公正审判权最基本的要求是必须由独立的、公正的法庭进行审判。那么，薄熙来案是否达到了这一要求，我觉得应该由历史来评判。

第二，我谈一下《禁止酷刑公约》和浙江张氏叔侄案。在浙江张氏叔侄案中，大家谈刑讯逼供谈得很多。按照《禁止酷刑公约》第十二、十三、十四条来讲，缔约国需要建立几个机制：一是公正调查机制；二是申诉机制；三是救济机制。对照公约的规定，这三个机制我们都没有建立起来。张高平在新疆的监狱里，从2005年到2007年一直在申诉，后来遇到一个比较有责任心的检察官，在他的帮助下才申诉成功。这样一个案件，始终不展开调查，这是严重违反公约的行为。

从救济机制来讲，救济还要和起诉相互联系，如果不惩治实施酷刑的人、指使实施酷刑的人，这种救济就是不完全的。张氏叔侄案没有做到这一点，这也是和公约不一致的。

刘仁文（中国社会科学院法学研究所研究员）：

我希望这个社会能逐步往前进，逐步变好，如果推倒重来，很多制度又回归到原则设计，就很麻烦。

这些年我搞刑法研究，看到很多这种情况，比如嫖宿幼女罪，不把它作为强奸罪处理，其实是为了保护卖淫幼女的利益。我们设立卖淫嫖娼罪，就是为了告诉社会这种行为是犯罪，而且处理很严厉，刑期是5年。

为什么我们好多立法的社会效果、社会形象会走向反面？第一，我们的观念落后；第二，我们的有些规定是断章取义的。现在我们的《刑事诉讼法》修改了，相比以前是人性化了，以至于人性化到彻底推翻一些重要原则，就是不能用直系亲属的证言指控某人犯罪，特别是关键证据。断章取义，因此改革是很不彻底的。

现在对于一些冤假错案，我们的律师介入越来越提前，法律援助也越来越多。一个国家的法律进步不可能靠一种剧烈的变革或一场革命来完成，一定是长期积累的过程。

另外，从国际公约来说，任何被指控的人，从被限制自由起，就必须有律师在场，也就是所谓的律师在场权，否则一切询问不能在法庭上作为证据使用。我们现在还做不到这一点，但是我想，只要我们将这个原则作为一个政策推行下去，就一定可以做到，没有问题的。

最后一点，立法界和执法界在立法、执法方面还要考虑到一个平衡的问题。我觉得现在确认一种罪，法制前一定有个道，这个道等同于自然法则。从执政党到立法界、执法界，都应该持有对自然法则的敬畏，把握不准的时候，多听一听内心的呼唤，这是我们对公平正义最朴素的直觉。

陈有西（京衡律师集团董事长）：

2013年的这些案例，从年中的薄熙来案到年末的李某某案，还有海峡对岸三权分立的案例，都是非常有意义的。

在薄熙来案中，审判公开的力度引起了全国法学界特别是律师的关注，确实对新的《刑事诉讼法》的观念和连接点突破产生了非常好的示范性作用。这个案件既涉及反腐败，又有政治因素，我们从中看到的是《刑事诉讼法》的进步，以及检察院、律师、法院这控、辩、审三方在中国新环境下的进步。李某某案是社会舆论、侦查权、审判权等多种力量的博弈，也产生了很好的示范意义。所以，这10个案例中，有很多内容都值得我们认真思考，有积极的，也有消极的，有可以继承发扬的，也有需要防范和警惕的。

吴革（中国案例法学研究会常务副会长、北京中闻律师事务所主任）：

我想对这10个案件做一个点评。过去我们是通过网络投票来选出当年的10大影响性诉讼，2013年主要是采取评选组加专家意见的方式。这10个案件被评选出来，原因不在于级别高，而在于每个案件都有自己的亮点。

刘志军案影响非常大，这里面有很多问题，其中一点是他不受监督，导致了他的腐败。我们看到，这个人很有成绩，高铁给大家带来了很大的实惠。在这个案件中，贪腐的形式发生了很大变化，是利益输送。刘志军名下的钱从判决上来看并不是很多，主要是利益输送，这是新的腐败形式。刘铁男案的重要性在于网络实名举报、媒体实名举报。更重要的是，国家能源局新闻办事实上沦为了刘铁男所谓清白的背书者。

冤案一直是我们关注的热点，2013年的浙江张氏叔侄案，还有之前的佘祥林案、赵作海案，造成这些冤案的主要原因是刑讯逼供。

律师申请公开社会抚养费信息案，不仅涉及信息公开的问题，也是律师测试法律，主动推动影响性诉讼的体现。

王金平这个案子给了我们很大的启发。我们需要时间，需要一个一个的个案，来逐步推动法治建设。

赵正群（南开大学法学院教授）：

我做了10多年的政府信息公开和知情权研究，越来越体会到信息公开的法律制度和知情权保障对于建设一个现代、文明、法治、民主国家的重要性。

放眼世界，1966年，美国制定了《信息自由法案》。根据2013年9月28日的最新统计，全世界已经有95个国家和地区制定了正式的信息公开制度，其中包括中国台湾，已经有45亿人在依法享有要求政府信息公开的权利。中国大陆的信息公开制度现在不是国家的一项正式法律，本质上属于行政机关命令，是国务院定的一部行政法规。参与10大影响性诉讼评选，我想多发出一些呼吁，希望法学界的朋友、新闻界的朋友多关注中国的信息公开法制建设，以及以知情权为代表的其他公民政治权利的保障，使中国尽快有一部国家层面的信息公开法。这样，我们中华民族才能尽快在信息公开法制建设方面立足于世界文明之林。

迟夙生（夙生律师事务所主任）：

我觉得2013年这一年是我人生中很有意义的一年。我选择了做一线职业律师，用个案来影响中国的法治进程。我要用我的实践和经历——继续做律师，做死磕派律师，通过亲历一个个案件，告诉人们：其实说实话并没有什么可怕的，毕竟社会上善良的人是很多的，想发声就发声吧。即使因为发声而不能再做代表，我觉得也是值得的。因为我们在为国家做我们应该做的事，通过这些实践来实现我们的人生梦想，我想我们会很幸福、很快乐，这也是很有意义的。

朱明勇（北京中关律师事务所律师）：

张氏叔侄冤案平反律师在其中做了非常重要的工作。尽管站在央视颁奖现场的是张彪检察官，而不是我，但客观地讲，我比他做的工作多。我说这个，不是因为我们律师喜欢争功，而是实事求是。律师根本不需要争功，我们不评职称，不发工资，你得到再多的奖也没有用，关键是老百姓心中是否认可你，老百姓的认可是最让我们感到欣慰的。

多年来，我个人对案件的把握往往是看它有没有法律上或社会上的意义，或者有没有个案特殊性。我每天接到几十件冤假错案的信息邮件，要看冤案的特点，如果没有特点，我就会说对不起，我没有时间接受你的委托。作为律师，这时候心理需要很强大，那么多冤假错案，你不可能都接下来。张氏叔侄案当时找到我，我就觉得这个案子很特别，有特点，因为里面有个"专家证人"袁连芳。大家今天看到检察官在给这个案子平反，有没有人看到我们律师？没有。为什么？因为我们律师始终被认为是对现有制度的一种冲突。我在浙江高院被撵出来的时候，没有人知道；浙江高院动员当事人解除委托的时候，没有人知道；我自己花了将近10万块钱，为这个案子跑了两年半时间，没有人知道；我们反复跟媒体记者讲故事，动员他们监督关注这样的案子的时候，没有人知道。还有，那么多媒体人，他们冒着风险，化装成社会工作者，也没有人知道。其实，我们就是在这样的没有人知道的时候，做我们认为有意义的事情，最终成功了。我们并不需要站在央视的领奖台上，我们希望有机会站在学校的讲台上，告诉我们的学生，告诉我们的法律同人：作为律师，作为法律工作者，你应该坚守心中正义公平的理念，只有坚守这些，你的内心才足够强大。